역사 속
세기의 로맨스

18 윈저공과 심프슨 부인

2015년 11월 12일 초판 1쇄 인쇄
2015년 11월 17일 초판 1쇄 발행

글 박시연 / 그림 유수미
펴낸이 이철규 / 펴낸곳 북스
편집 강하나 / 편집디자인 이지훈

편집부 02-336-7634 / 영업부 02-336-7613 / FAX 02-336-7614
홈페이지 http://www.vooxs.kr / 등록번호 제 313-2004-00245호 / 등록일자 2004년 10월 18일

주소 서울특별시 광진구 동일로 4길 32 2층
값 10,800원
ISBN 978-89-6519-158-2 74800
　　　978-89-6519-043-1 (세트)

잘못된 서적은 구입하신 서점에서 교환하여 드립니다.
이 책은 저작권법에 의해 보호를 받는 저작물이므로 불법 복제와
스캔 등 무단 전재 및 유포·공유를 금합니다.

이 도서의 국립중앙도서관 출판시도서목록(CIP)은 서지정보유통지원시스템 홈페이지(http://seoji.nl.go.kr)와
국가자료공동목록시스템(http://www.nl.go.kr/kolisnet)에서 이용하실 수 있습니다.
(CIP제어번호 : CIP2015030871)

역사 속 세기의 로맨스

18 윈저공과 심프슨 부인

글 박시연 그림 유수미

vooks북스
BOOK IN YOUR LIFE

독자 여러분의 사랑과 관심 덕분에 '역사 속 세기의 로맨스' 1부를 무사히 끝마치게 되었습니다. 열 번이나 되는 과거로의 여행을 통해 사랑에 대한 특별한 깨달음을 얻게 된 이지가 결국 주노와도 사랑의 결실을 맺게 되어 참 다행이라고 생각합니다.

하지만 이대로 이야기를 마치기에는 왠지 아쉬움이 남았습니다. 아직도 우리가 알고 싶은 세기의 로맨스는 많이 남아 있기 때문입니다. 그래서 다시 새로운 로맨스를 찾는 여행을 떠나기로 결심했습니다.

이번 이야기에서는 새로운 주인공 리사와 선재가 등장합니다. 리사는 성북동의 으리으리한 저택에서 공주님처럼 살고 있는 사장님의 따님이고, 선재는 병에 걸려 입원한 아빠 대신 리사네 집에서 잡일을 도맡아 하는 어린 집사입니다. 두 사람은 같은 학교에 다니고 있는 친구이기도 합니다.

언뜻 봐선 환경이 너무 다른 두 사람 사이에서 무슨 로맨스가 생길까 싶습니다. 하지만 사랑이란 원래 엉뚱한 곳에서 갑작스럽게 생겨

 나는 감정이 아닐까요? 평소 도도하고 콧대 높은 리사지만 늘 선량하고 헌신적인 선재에게 조금씩 마음이 끌리기 시작합니다. 게다가 리사에게도 신비한 책 '세기의 로맨스'가 찾아옵니다.

 이 책을 펼치는 순간 리사는 과거의 낯선 세계로 떨어져 역사에 남을 만한 사랑을 한 남녀 주인공을 만나게 됩니다. 그들과 함께 웃고 울며 사랑의 진정한 의미에 대한 깨달음을 얻어가는 리사.

 리사는 과연 선재를 진심으로 좋아할 수 있게 될까요?

 궁금하시다면 독자 여러분도 리사와 함께 세기의 로맨스를 찾는 여행을 떠나보시죠.

박시연

머리말 _6

아...... 정말 아깝다! _11

와! 스페인이다! _35

동화 속의 왕자님 에드워드와의 만남 _61

에드워드의 마음을 사로잡은 베시 _80

아드리드해에서의 뜻밖의 만남 _96

인정받지 못한 사랑 _117

왕관과 장미 _136

사랑을 위해 포기해야 하는 것들 _153

부록 에드워드 8세와 심프슨 부인의 세기의 결혼식 _172

1

아…… 정말 아깝다!

 선재는 뚫어져라 시험지를 들여다보고 있었다. 하지만 선재의 눈에는 아무것도 들어오지 않았다. 시험지에 인쇄된 수식들이 안개가 낀 듯 뿌옇게 보였다.
 '이대로 가면 한 문제도 풀지 못할 거야. 그럼 지금까지 날 위해 노력한 리사는 얼마나 실망할까?'
 서늘한 공포심이 심장을 옥죄는 것만 같아 선재는 숨을 헐떡였다. 손바닥에 땀이 차오르고, 심장은 튀어나올 듯 방망이질 쳤다.
 "후우우……."
 선재가 눈을 지그시 감으며 숨을 깊게 몰아쉬었다. 그리고 스스로를 달래듯이 중얼거렸다.
 "이선재, 너는 지금까지 열심히 해왔어. 그러니까 너무 겁먹지 말고 당당하게 맞서. 만약 실패한다 해도 최선을 다했다면 리사도 실망하지는 않을 테니까."

선재가 다시 천천히 눈을 뜨고 시험지를 들여다보았다. 안개가 서서히 걷히며 수식들이 하나둘 눈에 들어왔다. 선재가 안도의 한숨을 쉬며 문제를 풀어나가기 시작했다.

"자, 오늘은 지난번에 치른 기말고사 성적을 발표하도록 하겠다."
그로부터 열흘 후, 여름이 무르익어가는 아침에 담임선생님이 시험 성적을 발표했다. 담임선생님이 반 아이들의 이름을 번호 순대로 부르면 차례로 나가서 성적표를 받았다.
"강리사와 나찬영!"
"네~"
"네!"
담임선생님이 리사와 찬영의 이름을 연이어 부르자, 두 사람이 벌떡 일어섰다. 담임선생님이 리사와 찬영을 가리키며 빙그레 웃었다.
"리사와 찬영이에게 박수 좀 쳐주자! 둘이서 사이좋게 우리 반 공동 1등이다!"
짝짝짝짝--!
"우와아!"
"찬영이 최고!"
"리사도 최고!"

반 친구들 사이에서 요란하게 박수소리가 터져 나왔다. 찬영이가 씨익 웃으며 리사의 얼굴을 돌아보았다. 리사도 웃고 있었지만 찬영이 만큼 즐거운 표정은 아니었다. 리사의 눈은 어느새 아직 성적표를 받지 못한 선재에게 향해 있었다. 리사의 시선이 머무는 곳을 확인한 찬영의 미간이 절로 찌푸려졌다.

잠시 후, 담임선생님의 입에서 마침내 선재의 이름이 불렸다.

"이선재!"

"네!"

선재가 교탁 앞으로 나가 선생님에게 성적표를 받았다. 상기된 얼굴로 돌아서는 선재의 어깨를 선생님이 붙잡았다.

"얘들아, 선재에게도 박수! 우리 반 꼴찌 언저리에서 놀던 선재의 석차가 무려 20등이나 올라 6등을 차지했지 뭐니?"

짝짝짝짝짝!

"와아아아!"

반애들 사이에서 다시 요란하게 박수가 터져 나왔다. 리사도 뿌듯하게 미소 짓는 선재의 얼굴을 보며 신이 나서 손뼉을 쳤다. 그런데 리사의 표정이 이내 시무룩해졌다.

"찬영이와 아이들한테 선재가 반에서 5등은 할 거라고 큰소리를 쳤는데, 아쉽게 됐지 뭐야. 딱 한 등수만 더 올랐으면 정말 좋았을 텐데."

리사의 아쉬움은 단지 아쉬움으로만 끝난 것은 아니었다. 리사는 기말고사를 보기 전에 찬영과 했던 약속이 자꾸 떠올랐다.

"선재가 5등 안에 들면 내 소원 한 가지를 들어주고, 들지 못하면 자기 소원 한 가지를 들어달라고 했던가?"

선재는 나름 성과를 거두었지만 어쨌든 약속은 약속이었다. 찬영이 무리한 요구를 할까봐 리사는 은근 걱정이 되었다.

아니나 다를까, 점심시간이 시작되자마자 찬영이 리사에게 다가와 말을 걸었다.

"리사야, 나랑 잠깐 얘기 좀 할래?"

"무, 무슨 얘기?"

급식실로 향하려던 리사가 찔끔했다.

"하하! 뭘 그리 놀라고 그래? 나랑 얘기하는 게 무서워?"

"누, 누가 무섭대? 무슨 얘기인지 궁금해서 그러지."

"잠깐 밖으로 나가자."

찬영이 리사를 운동장의 벤치로 안내했다. 찬영과 나란히 앉아 리사는 뜨거운 빛살 아래서 먼지가 풀풀 피어오르는 텅 빈 운동장을 바라보았다. 사막처럼 휑한 운동장 너머 새파란 잎을 달고 천천히 흔들리는 플라타너스들을 보며 리사는 비로소 여름이 깊어가고 있음을 깨달았다.

"아, 어느새 여름이구나!"

감상에 젖어 중얼거리는 리사의 얼굴을 찬영이 스윽 돌아보았다.

"선재가 5등 안에 들지 못하면 내 소원 한 가지를 들어주겠다고 약속했었지?"

"그…… 그건……."

리사가 드디어 올 것이 왔다는 표정을 지었다. 그래서 나한테 원하는 게 뭔데? 설마 선재와 다시는 만나자 말라고? 아니면 너와 진지하게 사귀어달라고? 리사가 잔뜩 긴장한 눈으로 찬영의 얼굴만 뚫어져라 쳐다보았다. 그러나 리사의 걱정과는 달리 찬영의 입에선 전혀 엉뚱한 말이 흘러나왔다.

"내 소원은…… 이번 여름방학 때 리사가 나와 함께 여행을 가는 거야."

"뭐?"

리사는 맥이 탁 풀리는 것을 느꼈다. 괜한 걱정을 했던 것이다. 리사가 안도의 한숨을 쉬며 물었다.

"……그래서 어디로 여행을 가고 싶은데?"

"스페인."

"스페인?"

리사의 눈이 휘둥그레졌다. 스페인은 이름만 들어도 그리움이 목밑까지 차오르는 제2의 고향 같은 곳이었다. 리사가 급 흥분하여 찬영에게 얼굴을 들이밀었다.

"스페인 어디로 갈 건데? 언제 출발할 건데? 누구 누구랑 가는데?"

"일단 좀 진정하자, 응!"

찬영이 손가락으로 리사의 이마를 밀치며 씨익 웃었다.

"스페인 코스타델솔 알지?"

"태양의 해변! 알다마다! 내가 세상에서 제일 좋아하는 스페인 남부의 휴양지잖아!"

"길고 긴 코스타델솔 해안 중에서도 말라가에 아빠 회사에서 운영하는 호텔이 있어. 일단 그곳을 베이스캠프로 삼아 안달루시아와 세비야, 마드리드 등 스페인의 대표적인 명소를 두루 돌아볼 생각이야."

"좋았어! 나도 무조건 갈래!"

리사가 더 이상 들을 필요도 없다는 듯이 팔을 번쩍 들었다. 찬영이 그럴 줄 알았다는 듯 고개를 끄덕였다.

"정말 잘 됐다."

"그런데 우리 둘만 가는 건 아니겠지?"

찬영이 피식 웃었다.

"당연히 아니지. 나랑 너 그리고 아진이와 윤지, 가빈이도 갈 거야."

"흐음, 그렇구나."

고개를 끄덕이며 무언가 골똘히 생각하던 리사가 찬영의 눈치를 살피며 조심스럽게 물었다.

"저기, 선재도 같이 가면 안 될까?"

"……."

동시에 찬영의 안색이 딱딱하게 굳어졌다.

"역시 안 되겠지?"

"선재를 데려가면 네가 더 즐거울 것 같아?"

"응?"

"선재랑 같이 가면 더 행복할 것 같으냐고?"

"응, 그럴 것도 같아."

"좋아, 그럼 선재도 함께 가기로 하자."

"정말?!"

찬영이 순순히 허락하자, 리사는 오히려 어리둥절해 했다. 리사의 눈을 들여다보며 찬영이 빙그레 웃었다.

"이번 여행은 리사 널 위한 거야. 그러니까 너만 행복하다면 나는 무조건 좋아."

"아!"

찬영의 희고 고른 치아가 오늘따라 리사의 눈속 깊이 파고들었다.

수업이 끝나고 리사는 선재와 함께 집 근처 팥빙수 집으로 향했다. 엄청난 크기의 그릇에 빙수를 산처럼 쌓아주기로 유명한 전문점이었다. 하얀 눈 위에 떨어진 붉은 꽃처럼 예쁜 팥을 골라 우물거리며 리사가 선재의 얼굴을 쳐다보았다.

"선재야."

"응?"

"이번 시험 정말 잘 봤어. 네가 참 자랑스럽다."

선재가 쑥스러운 듯 미소 지었다.

"너무 그러지 마. 목표했던 5등 안에 들지도 못했는데, 뭐."

"아니야. 그래도 그렇게까지 성적을 올린 건 대단한 일이야. 그래서 너한테 상을 주고 싶어."

"상이라니?"

"곧 여름방학이잖아."

"……?"

"그래서 너와 함께 해외여행을 갈까 해. 물론 이번 시험에 대한 상으로 말이지. 헤헤."

무언가 켕기는 듯 웃는 리사의 얼굴을 선재가 물끄러미 바라보았다. 한참 만에야 선재가 천천히 고개를 가로저었다.

"아마 안 될 거야. 일단 사모님께서 허락하실 리도 없고……."

"그건 걱정하지 않아도 돼."

"어째서?"

"실은 이번 여행은 찬영이가 계획한 거거든. 우리 둘은 물론 찬영이와 아진이, 윤지, 가빈이도 함께 떠날 거야."

"으음……."

리사의 얼굴을 가만히 보던 선재가 다시 고개를 흔들었다.

"그래도 힘들어."

"왜 계속 힘들다는 거야?"

"우리 아빠가 병원에 계시잖아."

"아……."

리사의 입술 사이로 짧은 탄식이 흘러나왔다. 선재의 아빠에 대해 까맣게 잊고 있었던 것이다.

"하, 하지만 아빠의 병세가 많이 좋아지셨다며?"

"그래도 멀리 스페인까지 가는 건 조금 그래."

"하긴 그럴 수도 있겠구나."

선재의 얼굴을 바라보며 리사도 우울하게 중얼거렸다.

"스페인? 찬영이가 말라가에 있는 자기네 호텔로 여름방학 때 여행을 떠나자고 했단 말이지?"

저녁 식사 자리에서 리사의 말을 전해들은 성 여사는 예상대로 반색했다. 리사가 밥알을 깨작거리며 심드렁하게 말했다.

"우리 둘만 가는 건 아니고요…… 다른 친구들도 몇 명 같이 갈 거예요."

"어쨌든 잘 됐다. 너 스페인에 다시 가보고 싶어 하지 않았니?"

손을 맞잡은 성 여사의 눈이 반짝반짝 빛났다.

"그런데 저는 아직 갈까 말까 고민 중이에요."

"아니, 왜 고민을 해? 그렇게 스페인 노래를 부르더니만!"

그때까지 묵묵히 식사를 하고 있던 아빠 강 사장이 리사를 힐끗 보았다.

"무슨 문제라도 있는 거냐?"

"그게 저어……"

고민하던 리사가 강 사장을 향해 결심한 듯 입을 열었다.

"아빠, 선재 아빠의 상태는 어떠세요?"

"응? 선재의 아빠?"

"네! 많이 회복되셨다고 들었는데 사실인가요?"

"얼마 전에 담당 의사와 통화를 했는데, 위험한 고비는 넘겼다더구나."

"그럼 선재도 함께 스페인으로 가면 안 될까요?"

리사의 말을 들은 성 여사가 발끈했다.

"얘가 지금 무슨 소리를 하는 거야? 친구들끼리 여행을 가는데 선재가 왜 끼어?"

"선재도 제 친구니까요."

"선재가 왜 네 친구야? 선재는 우리 집 고용인일 뿐이라고 말했잖니?"

"우리 집 고용인이지만 제 친구인 것도 사실이에요."

"얘가 선재 얘기만 나오면 왜 이리 버릇없이 굴지?"

조금도 물러서지 않고 말싸움을 벌이는 모녀를 향해 강 사장이 손을 흔들었다.

"아아, 그만들 하지!"

강 사장이 리사를 향해 말했다.

"너 혼자 스페인까지 보내는 건 아빠도 반대야. 그러니까 기왕 가겠다면 선재도 함께 보내도록 하자꾸나."

"진짜요?"

"여보, 그건 안 돼요!"

"왜 안 된다는 거요?"

"리사가 찬영이처럼 비슷한 환경의 친구와 어울리는 건 상관없어요. 하지만 선재처럼 격이 떨어지는 아이와 어울린다면 우리 리사의 이미지도 함께 추락할 거라고요."

"아직 어린아이들이오. 환경이니 격이니 이런 거 따지는 건 시기상조요."

"그래도 저는 싫어요! 리사가 왜 고용인과 함께 여행을 가야하는데요?"

"당신 말대로 선재는 우리 집의 고용인이오. 그러니 선재를 스페인으로 딸려 보내 리사를 보호하도록 하겠다는 거 아니오?"

"어쨌든 저는 무조건 싫어요!"

"으음……"

성 여사의 얼굴을 쳐다보던 강 사장이 할 수 없다는 듯 어깨를 으쓱했다.

"당신의 뜻이 정 그렇다면 어쩔 수 없지."

"고마워요."

"대신 리사도 보내지 않겠소."

"네? 그게 무슨 말씀이세요?"

"나도 리사 혼자만은 스페인까지 보낼 마음이 없다는 뜻이오."

"으음……"

성 여사가 입술을 잘근잘근 깨물며 강 사장의 얼굴을 바라보았다. 아빠와 엄마의 기 싸움을 지켜보며 리사는 결국 성 여사가 백기를 들리란 사실을 알았다. 성 여사는 리사와 찬영을 어떻게든 함께 엮어 여행을 보내고 싶은 것이다. 리사의 예상대로 한동안 입술을 깨물고 있던 성 여사가 간신히 화를 참는 목소리로 말했다.

"좋아요. 당신의 뜻이 정 그렇다면 선재도 함께 보내요."

"잘 생각했소."

"엄마, 고마워요!"

"……."

성 여사가 환하게 미소 짓는 리사의 얼굴을 째려보았다.

저녁 식사가 끝나자마자 리사가 선재를 마당으로 불러냈다. 그리고 잔뜩 들뜬 얼굴로 우리 둘이 함께 스페인으로 여행을 떠나도 좋다는 허락을 받았다고 전했다.

"언젠가 꼭 스페인을 다시 가보고 싶었어. 그 새파란 하늘과 지중해에서 불어오는 해풍이 늘 그리웠거든. 선재 넌 잘 모르겠지만 스페인은 내겐 제2의 고향 같은 곳이야."

"으음……"

리사와는 달리 선재의 표정은 어두웠다. 선재가 착 가라앉은 목소리로 말했다.

"리사 너는 내 말을 아예 듣지 않는 것 같구나."

"응? 그게 무슨 소리야?"

"아빠 때문에 갈 수 없다고 말했잖아."

"우리 아빠가 그러는데 너희 아빠 상태가 많이 좋아지셨대. 별 걱정 없이 다녀올 수 있을 거라고 하셨어."

"하지만 나는 안심이 안 돼."

옥식각신 하는 리사와 선재의 등 뒤에서 굵직한 목소리가 들려온 것은 그때였다.

"웬만하면 다녀오도록 하렴."

"아빠!"

"사장님!"

흠칫 놀라 돌아서는 리사와 선재를 향해 강 사장이 걸어왔다. 강 사장이 선재의 얼굴을 보며 말했다.

"아빠 때문이라면 리사의 말대로 걱정하지 않아도 좋을 것 같더구나. 만약 무슨 일이 생기면 내가 즉시 연락하도록 하마."

"꼭 아빠 때문만은 아니고요……"

"비용 문제도 걱정하지 마라. 내가 부담할 테니."

순간 선재의 표정이 단호하게 변했다.

"그건 싫습니다. 지금까지도 사장님과 사모님께 너무 많은 신세를 졌는데, 여기서 더 부담을 드리고 싶진 않습니다."

강 사장이 천천히 고개를 흔들었다.

"선재가 뭔가 잘못 생각하고 있는 것 같구나."

"네?"

"너를 그냥 보내주겠다는 게 아니야. 우리 집의 고용인으로서 스페인에서 리사를 보호해주라고 보내는 거란다."

"……."

"오히려 내가 부탁을 해야겠구나. 선재야, 리사와 함께 스페인으로 가주지 않겠니?"

빙그레 미소 짓는 강 사장의 얼굴을 멍하니 바라보던 선재가 고개를 끄덕였다.

"알겠습니다, 사장님. 그런 이유라면 함께 가겠습니다."

"꺄악~ 진짜 잘 됐다!"

리사가 껑충 뛰어오르며 소리를 질렀다.

"당신, 저랑 얘기 좀 해요!"

현관문을 열고 들어오던 강 사장은 성 여사의 날 선 목소리에 우뚝 멈춰 섰다. 성 여사가 머리끝까지 화가 치민 얼굴로 팔짱을 끼고 서 있는 게 보였다. 강 사장이 성 여사를 향해 다가서며 물었다.

"왜 그렇게 화가 났지?"

"그걸 몰라서 물어요?"

"으음……."

온몸을 파르르 떠는 성 여사를 물끄러미 보다가 강 사장이 입을 열었다.

"선재 그 아이 때문이오?"

"그래요! 바로 그 녀석 때문이에요! 대체 왜 우리 리사와 그 하찮은 녀석을 연결시키려고 하는 거예요?!"

"……."

성 여사의 흥분이 가라앉을 때까지 기다렸다가 강 사장이 입을 열었다.

"당신은 내가 리사와 선재를 연결시키려 한다고 믿고 있소?"

"그럼 아닌가요?"

"물론 아니오."

"그럼 왜 선재를 한사코 리사와 묶어 스페인으로 보내려는 건데요?"

"당신이 보기에 우리 리사가 우리 둘 중 누구를 더 닮은 것 같소?"

"그야……."

잠시 머뭇대던 성 여사가 대답했다.

"냉정한데다가 한 번 결정을 내리면 하늘이 무너져도 바꾸지 않는 쇠심줄 같은 고집이 당신을 빼다 박았죠."

"맞소. 리사는 나를 닮았소. 그리고 그런 리사가 선재를 몹시 좋아하고 있소."

"그러니까 더더욱 떼어놓아야……"

"우리가 떼어놓으려고 한다고 리사가 말을 들을까?"

"그건?"

"오히려 고집을 부리며 선재와 더 친해지려고 하지는 않을까?"

"아!"

성 여사의 입술 사이로 탄식이 새어나왔다. 비로소 강 사장의 진심을 알 것 같았기 때문이다. 강 사장이 성 여사와 시선을 마주치며 확고한 얼굴로 말을 이었다.

"나는 이번 여행에서 리사가 많을 걸 깨닫게 되리라 믿고 있소. 특히 찬영이처럼 환경이 비슷한 아이들과 선재가 얼마나 다른지 뼈저리게 깨닫게 되겠지. 우리 리사는 그렇게 스스로 깨우치고 결정하길 좋아하는 아이요. 우리가 억지로 방향을 정해주면 오히려 반대방향으로 나가려고 하는 고집쟁이란 말이오."

"미안해요. 당신에게 그렇게 깊은 뜻이 있는 줄 몰랐어요."

"그럼 이제부터라도 리사가 안심하고 떠날 수 있도록 준비를 서둘러주시오."

"네, 알겠어요!"

성 여사가 한결 밝아진 얼굴로 고개를 끄덕였다.

그로부터 며칠 후, 모두가 기다리던 여름방학이 시작됐다.

리사와 선재는 인천공항으로 나란히 들어서고 있었다. 리사는 챙이 넓은 모자와 보기만 해도 청량한 느낌이 드는 산호색 원피스를 입고 있었다. 선재는 칙칙한 청바지에 회색 셔츠 그리고 양손에 리사의 커다란 캐리어를 끌고 있었다.

"애들이 어딘가에 와 있을 텐데?"

리사가 로비 한복판에 서서 북적이는 여행객들을 둘러보았다. 찬영이의 밝은 목소리가 들려온 것은 그때였다.

"리사! 여기야, 여기!"

"아, 찬영아!"

캐주얼하고 세련된 차림의 찬영이가 손을 흔들며 걸어오는 게 보였다. 찬영의 주위에는 아진, 윤지, 가빈이도 있었다. 특히 흰색 원피스를 입고 머리에 선글라스를 얹고 있는 아진이는 리사 만큼이나 예뻤다. 리사가 선재와 함께 찬영과 친구들에게로 향했다.

"너희들, 벌써 와 있었구나."

"응. 조금 전에 도착했어."

"짐은 벌써 부친 거야?"

"응! 너희들도 저기 윤 비서 아저씨한테 맡기면 돼."

찬영이가 옆을 돌아보자 양복을 단정하게 차려입은 젊은 아저씨가 다가와 깍듯하게 인사했다.

"안녕하십니까? 윤 비서라고 합니다."

"안녕하세요."

"저와 함께 가시죠. 짐을 부치는 걸 도와드리겠습니다."

"알겠어요. 선재야, 나는 윤 비서님과 짐을 부치고 올 테니까, 여기서 애들이랑 있어."

"알았어."

캐리어를 끌고 가는 윤 비서를 따라가는 리사의 뒷모습을 선재가 물끄러미 바라보았다. 찬영이 그런 선재를 향해 불쑥 물었다.

"선재는 해외여행이 처음이지?"

"응? 으응!"

"그럼 도장을 받았겠네?"

"도장이라니?"

"몰랐어? 해외여행을 처음 가는 사람은 공항 사장님한테 도장을 받아야 해."

"그래?"

선재가 이상하다는 듯 고개를 갸웃하며 아진과 가빈과 윤지를 쳐다보았다. 찬영과 재빨리 눈빛을 교환한 친구들이 차례로 말했다.

"애가 정말 몰랐나 보네?"

"당연히 도장을 받아야지."

"찬영이가 안 가르쳐줬으면 큰일 날 뻔했네."

친구들이 입을 모아 말하니 선재로서도 믿을 수밖에 없었다.

"대체 어디로 가야 공항 사장님의 도장을 받을 수 있는데?"

"그야 사장실로 가야지."

"알았어. 그럼 빨리 가서 도장부터 받아올게."

"그래. 서두르는 게 좋겠다."

빠른 걸음으로 멀어지는 선재의 뒷모습을 찬영과 친구들이 간신히 웃음을 참으며 지켜보았다. 선재의 모습이 시야에서 완전히 사라지자 찬영이 제일 먼저 웃음을 터뜨렸다.

"푸하하하! 저 녀석 정말로 믿는 거 같지?"

"깔깔깔! 웃음을 참느라 죽는 줄 알았어!"

"이거 진짜 재미있다!"

"이번 여행 왠지 흥미진진할 거 같지 않니?"

"그런데 선재 녀석, 정말 사장실까지 찾아가는 건 아니겠지?"

"에이~ 설마! 누구한테든 물어보고 곧 속았다는 걸 알겠지."

"맞아. 분명히 그럴 거야."

찬영과 친구들이 대수롭지 않은 표정으로 고개를 끄덕였다. 하지만 이 장난이 결코 가볍지 않았다는 걸 찬영과 친구들은 머지않아 알게 되었다.

"곧 비행기에 탑승해야 하는데, 선재는 어디로 사라져 버린 거야?"

출국장 앞에서 리사는 발을 동동 구르고 있었다. 찬영과 아진, 가빈, 윤지도 당황스런 눈으로 서로의 얼굴을 쳐다보았다. 선재가 이렇게까지 안 나타날 줄은 몰랐던 것이다. 리사가 휙 돌아보자 찬영이 뜨끔했다.

"선재가 정말 아무 말도 하지 않고 사라졌어?"

"그, 그렇다니까."

"이상하네. 이렇게 무책임한 녀석이 아닌데."

출국장 앞에서 여권과 탑승권을 검사하던 승무원이 리사와 찬영을 걱정스럽게 쳐다보았다.

"너희들, 비행기를 타야 할 시간이 다 되지 않았니?"

리사가 승무원을 향해 울상을 지었다.

"네, 거의 다 됐어요."

"그럼 빨리 들어가야지 왜 그러고 있어?"

"실은 친구 한 명이 사라져서 기다리는 중이에요."

"이 시간이 되도록 친구가 나타나지 않는다고? 이거 정말 큰일이구나. 방송이라도 내보내야지 안 되겠다. 친구 이름이 뭐니?"

"이선재라고……."

리사가 선재의 이름을 말하려는 순간, 성난 고함소리가 들려왔다.

"나찬영, 너 이 자식!"

"선재야?"

화가 잔뜩 치민 얼굴로 달려오는 선재를 발견하고 리사의 눈이 휘둥그레졌다. 리사가 찬영 앞에 우뚝 버티고 서는 선재를 향해 따지듯이 물었다.

"대체 어디 갔었어? 너 때문에 다들 얼마나 기다렸는지 알아?"

"내가 왜 늦었는지는 여기 나찬영한테 물어보지 그래."

찬영을 잡아먹을 듯 노려보는 선재를 보고서야 리사는 둘 사이에 무슨 일이 있었음을 알아차렸다.

"찬영아, 선재가 뭐라고 하는 거야?"

"그게 저어……."

뒤통수를 긁적이는 찬영이를 향해 리사가 목소리를 높였다.

"속일 생각 말고 솔직하게 말해!"

"실은 내가 선재에게 장난을 조금 쳤어."

"무슨 장난?"

"해외여행을 처음 하는 사람은 공항 사장한테 가서 도장을 받아와야 한다고……"

"설마 그런 황당한 말을 믿었다는 거야?"

리사가 오히려 기가 막힌 듯이 선재를 돌아보았다. 선재의 얼굴이 일그러지는 것을 보고 리사는 아차 싶었다. 하지만 이미 때늦은 후회였다. 선재가 찬영에게 시선을 고정시킨 채 착 가라앉은 목소리로 말했다.

"맞아. 그런 황당한 말에 속아 사장실에 가서 지금까지 사장님을 만나게 해달라고 조르다 오는 길이야. 이제 보니 친구를 속인 찬영이보다 속은 내가 잘못이었던 모양이구나."

"선재야, 그게 아니라……"

리사가 뭐라고 변명하려는 순간, 승무원이 다급하게 외쳤다.

"너희들, 지금 안 들어가면 비행기를 놓칠지도 몰라!"

"일단 들어가자!"

"너무 늦었어!"

리사와 친구들은 출국장을 통과해 탑승 게이트를 향해 달음박질을 치기 시작했다. 옆에서 굳은 얼굴로 달리는 선재를 힐끔거리며 리사는 저도 모르게 한숨을 쉬었다.

'아무리 그래도 어떻게 그런 뻔한 거짓말에 속을 수가 있지?'

2
와! 스페인이다!

비행기를 타고 가는 내내 리사와 선재 그리고 선재와 찬영 사이에 어색한 침묵이 흘렀다. 그러다보니 리사도 두 친구 사이에서 여행 갈 때의 설렘을 제대로 느낄 수가 없었다.

다행히 마드리드 공항에 착륙한 비행기에서 내렸을 때, 리사는 다시 기분이 좋아졌다. 공항 청사를 빠져나온 리사가 구름 한 점 없이 새파란 스페인의 하늘을 올려다보며 환호성을 질렀다.

"와아! 드디어 꿈에 그리던 스페인으로 돌아왔어!"

리사가 두 팔을 벌리고 숨을 최대한 깊이 들이마셨다.

"스페인은 공기 맛부터가 다른 거 같아. 맞아, 바로 이런 공기를 그리워하고 있었던 거라고."

기분이 좋아진 리사가 선재의 옆구리를 쿡 찔렀다.

"너도 그만 기분 풀어."

"……."

"찬영이도 미안해하고 있잖아."

"알았어."

선재가 마지못해 고개를 끄덕였지만 표정이 완전히 풀리지는 않았다. 리사가 미간을 살짝 찌푸렸다.

'선재 이 녀석, 은근히 뒤끝이 있네.'

이때 연예인들이 타고 다닐 법한 날렵하게 빠진 밴 한 대가 아이들 앞에 정지했다. 운전석 문이 열리며 콧수염을 멋들어지게 기른 스페인 청년이 내렸다. 청년이 뜻밖에도 유창한 한국어로 찬영에게 인사를 건넸다.

"실례지만 나찬영 님 되십니까?"

"그런데요."

"오, 반갑습니다. 제 이름은 카를로입니다. 말라가 스카이호텔의 직원으로 이번에 찬영 님과 친구분들의 여행 가이드를 맡게 됐습니다."

"아, 그렇군요. 반가워요, 카를로."

찬영과 악수를 나눈 카를로가 밴의 옆문을 열어주었다.

"모두 타십시오. 일단 식사부터 하러 가시죠."

"좋아요!"

"아, 배고프다!"

찬영과 리사와 아진, 윤지, 가빈이 왁자하게 떠들며 밴에 올랐다.

선재도 맨 마지막에 친구들을 따라 밴으로 들어갔다. 밴 안으로 들어간 친구들의 눈이 휘둥그레졌다. 고급스런 가죽시트가 깔린 넓은 좌석들은 뒤로 눕히면 침대처럼 잠을 잘 수도 있었다. 머리 위에는 텔레비전이 달려 있었고, 중앙에 설치된 냉장고 안에는 아이스크림과 음료수가 가득했다. 리사가 찬영을 돌아보며 빙긋 웃었다.

"너희 아빠가 신경을 많이 써주셨구나?"

"헤헤! 그러게."

찬영이 냉장고 문을 열고 탄산음료를 꺼내서는 선재에게 건넸다.

"선재야, 덥지? 이거 마셔."

"……."

선뜻 받지 않고 당황스럽게 쳐다보는 선재를 향해 리사가 싱긋 웃었다.

"찬영이가 화해하고 싶다잖아. 그만 화 풀고 받아주도록 해."

"고마워."

선재가 음료수를 받아주자, 찬영이 빙그레 미소 지었다.

"고마운 건 오히려 나지. 어쨌든 이렇게 왔으니 우리 다투지 말고 좋은 추억을 많이 만들자."

"응!"

리사가 손을 맞잡고 소리쳤다.

"좋아, 이제부터 진짜 스페인 여행 시작이다!"

카를로가 리사와 친구들을 안내한 곳은 마드리드 시내의 해산물 전문식당 'BLUE OCEAN'이었다. 우리말로 해석하면 푸른 바다 정도가 될까? 남유럽 특유의 강렬한 태양 문양이 새겨진 입구를 지나자, 널찍하고 모던한 분위기의 식당 내부가 나타났다. 리사와 친구들은 거리가 한눈에 내다보이는 창가 쪽 테이블에 자리를 잡았다. 찬영이 자리에 앉자마자 카를로가 옆에 서서 고개를 살짝 숙였다.

"저는 저쪽 테이블에서 따로 식사를 하겠습니다."

"그렇게 해요."

식당 구석의 테이블로 향하는 카를로의 뒷모습을 보며 리사가 고개를 갸웃했다.

"카를로 아저씨는 왜 따로 먹겠다는 거야?"

"내가 우리끼리 먹겠다고 했어. 가이드가 너무 붙어 있으면 불편할 수도 있잖아."

"어쩜! 세심하기도 해라."

리사가 찬영의 어깨에 손을 얹으며 친근하게 미소 지었다. 리사 옆에 앉아 있던 선재가 움찔하며 찬영의 어깨에 닿아 있는 리사의 손을 쳐다보았다. 무언가 할 말이 있는 듯하던 선재가 포기하고 입을 다물어 버렸다.

하얀색 블라우스에 회색 바지를 입은 세련된 분위기의 여종업원이 테이블로 다가왔다.

"와우! 오늘 동양의 미남, 미녀들이 우리 레스토랑에 다 모였군요.

일단 영광이란 인사를 드리고 싶네요. 식사는 무얼로 주문하시겠어요?"

여종업원이 능숙한 영어로 질문했다. 우연히 여종업원의 파란색 눈동자를 마주한 선재가 뜨끔하여 고개를 돌렸다. 선재는 영어라곤 단 한 마디도 하지 못했다. 찬영이 선재를 대신해 여종업원을 향해 싱긋 웃었다.

"칭찬해 주셔서 고마워요. 어쨌든 저희가 한국에서 건너온 미남, 미녀인 것만은 분명하죠."

"한국인이에요?"

"네."

"저도 한국을 매우 사랑해요. 아이돌 그룹의 열성 팬이거든요."

능숙한 영어로 종업원과 대화를 나누는 찬영을 선재가 부러운 듯 보았다. 종업원이 내민 메뉴를 살펴보던 찬영이 리사에게 물었다.

"일단 스페인에 왔으니까 파에야는 먹어봐야겠지?"

리사가 두 손을 모아 쥐고 들뜬 목소리로 대답했다.

"당연하지. 해산물에 볶은 노릇한 밥을 얼마나 먹고 싶었는데."

"그럼 하몬도 먹자."

"하몬도 당연히 먹어줘야지."

"하몬이 뭐야?"

가빈이가 묻자, 찬영이 설명했다.

"하몬은 돼지 뒷다리를 건조시켜서 만든 햄의 일종이야. 담백하고

고소한 맛이 일품이지."

"아하!"

"다음에는 가스파초와 추로스를 먹자. 가스파초는 토마토, 피망, 오이 그리고 빵, 올리브 오일, 식초, 얼음물을 함께 갈아서 마시는 스페인의 야채수프이고, 추로스는 밀가루, 소금, 물로 만든 반죽을 기름에 넣어 튀긴 긴 막대 모양의 디저트야."

리사의 눈이 휘둥그레졌다.

"찬영이 넌 어떻게 스페인에 살았던 나보다 스페인 음식에 대해 더 잘 알아?"

"작년에 아빠와 유럽 여행을 하던 중에 스페인에서 한 달 정도 머물렀었거든."

"아하! 그래서 그렇게 잘 알고 있었구나!"

"그때 나도 리사 너 만큼이나 스페인에 푹 빠졌어. 스페인은 뭐랄까, 진정한 휴양지 같은 느낌이었거든."

"역시 찬영이는 나와 통한다니까!"

리사가 찬영의 어깨를 와락 안으며 친근감을 표시했다. 선재가 유쾌하게 웃는 리사와 찬영을 멍하니 쳐다보았다. 특별히 질투가 나거나 하지는 않았다. 하지만 다른 아이들과 자신 사이에 보이지 않는 벽 같은 게 처져 있는 듯한 느낌만은 떨칠 수가 없었다.

식사를 마친 리사와 찬영 그리고 친구들은 마드리드 시내 관광에 나섰다. 리사와 친구들은 관광객들로 북적이는 마요르 광장과 왕궁 그리고 알무데나 대성당 등을 관광했다. 다리가 슬슬 아파올 무렵, 카를로가 찬영에게 물었다.

"이제 슬슬 말라가를 향해 출발할까요?"

"마드리드까지 왔으면 그래도 프라도 미술관엔 가봐야 하지 않을까?"

리사가 찬영을 거들고 나섰다.

"당연히 가봐야지. 프라도 미술관에서 봤던 고야의 명화들이 지금도 눈에 선하다고."

"좋아, 그럼 가자."

찬영과 리사가 손을 잡고 프라도 미술관을 향해 걷기 시작했다. 아진과 윤지와 가빈도 두 사람을 따라갔다. 제일 뒤처져서 따라가는 선재의 표정이 시무룩해 보였다.

대리석으로 지어진 고풍스런 미술관 앞에 고야의 거대한 동상이 서 있었다. 동상을 올려다보던 찬영이 선재를 돌아보며 설명했다.

"고야는 왕실의 화가를 맡을 정도로 실력이 뛰어나서 스페인 사람들의 사랑을 받았어. 그래서 마드리드에서 가장 유명한 프라도 미술관 앞에 고야의 동상이 서 있는 거야."

"그, 그렇구나."

어색하게 고개를 끄덕이는 선재를 향해 아진이 눈을 동그랗게 떴다.

"선재 너 설마 고야를 모르는 거야?"

"응?"

"나는 네가 학급 환경미화 때 천장화를 근사하게 그려서 미술에 대한 지식이 해박하다고 생각했거든."

"……."

뭐라고 대답해야 좋을지 몰라 선재는 입을 다물어 버렸다. 괜히 얼굴이 화끈거리는 것 같았다. 분위기가 어색해지자 리사가 찬영의 손을 잡아끌며 서둘러 미술관 안으로 향했다.

"여기서 이러지 말고 빨리 들어가자."

잔잔한 클래식이 흐르는 미술관 내부에는 많은 그림들이 전시돼 있었다. 강렬한 색채와 빛과의 적절한 조화를 자랑하는 명화들이 리사와 친구들의 마음을 사로잡았다. 그 모든 작품들 중에서도 단연 리사의 마음을 사로잡은 것은 고야의 작품이었다.

"어머! 여기 고야의 유명한 명작 '소풍'이 있어. 여기 봐봐! '유령'과 '옷 벗은 마야'도 있어!"

찬영과 친구들이 리사와 나란히 서서 한 마디씩 했다.

"'소풍'은 언제 봐도 기분이 유쾌해진다니까. 꼭 내가 햇살 좋은 공원으로 소풍을 나온 기분이랄까?"

"'유령'은 괜히 좀 으스스하게 느껴지지 않아? 세목 때문에 그런가?"

"나는 '옷 벗은 마야'가 제일 좋더라."

"유가빈! 이 엉큼한 녀석!"

"하하하!"

"깔깔깔깔!"

친구들 사이에서 와그르르 웃음이 터져 나왔지만 선재는 웃지 못했다. 선재는 고야의 그림을 접해본 적이 없었으므로 그들의 대화에 끼어들 수가 없었다. 그냥 한 걸음 떨어져서 어느 때보다 밝게 웃는 리사의 얼굴을 지그시 바라볼 뿐이었다.

"아……! 고야의 명작 중의 명작 '1808년 5월 3일'이다."

옆쪽으로 몇 걸음 이동하던 리사의 입에서 감탄사가 새어나왔다. 선재도 리사가 보고 있는 그림으로 시선을 옮겼다. 그림에는 흰옷을 입은 스페인 남자가 만세라도 부르듯 양팔을 번쩍 쳐들고 있었고, 공포와 비탄에 젖은 다른 남자들이 얼굴을 감싸고 있는 게 보였다. 그들 앞에서 프랑스 군인들이 무장도 하지 않은 스페인 사람들을 향해 총을 발사하고 있었다.

그림에 시선을 고정시킨 채 리사가 우울한 목소리로 말했다.

"솔직히 이 그림만은 잘 이해가 안 돼. 고야는 왜 이런 그림을 그렸을까? 1808년 5월 2일 마드리드를 점령한 프랑스에 분노한 시민들이 봉기했고, 그 다음날 프랑스 군인들은 그들을 무참하게 처형했지. 고야는 프랑스의 만행을 고발하기 위해서 이 그림을 그렸다고 하지만 그러기엔 처형당하는 사람들이 너무 무기력해 보이지 않아?"

리사 옆에서 찬영이 턱을 만지며 고개를 끄덕였다.

"그러니까 리사 네 말은 억울하게 처형당하는 희생자들이 좀 더 멋지게 그려졌어야 한다는 거지?"

"응! 적어도 내 생각은 그래."

아진과 가빈이 동의하듯 고개를 끄덕였다.

"듣고 보니 일리가 있는 말이야."

"이 그림을 본 스페인 사람들은 프랑스에 분노하기보단 겁부터 먹었을 것 같은데?"

"역시 그렇지?"

"흐음……."

고민하던 찬영이 손가락으로 불쑥 흰옷을 입은 채 두 팔을 쳐든 남자를 가리켰다.

"저 남자를 자세히 봐봐."

"저기 처형당하기 직전의 남자?"

"총을 쏘지 말라고 애원하는 거 같은데?"

찬영이 고개를 흔들었다.

"아니, 좀 더 자세히 봐. 저 남자는 공포에 젖어서 울부짖고 있는 게 아니야. 오히려 침략자들의 만행을 당당하게 고발하며 만세를 부르고 있는 거라고."

찬영을 따라 뚫어져라 그림을 쳐다보던 리사와 다른 친구들의 입에서 감탄사가 새어나왔다.

"와! 정말이네!"

"찬영이의 설명을 듣고 보니 정말 그렇게 보여."

찬영이 리사를 돌아보며 씨익 미소 지었다.

"고야는 저 흰옷을 입은 남자를 통해 전쟁의 참상을 고발하고 싶었는지도 몰라."

"찬영이는 정말 대단해. 여행이면 여행, 미술이면 미술 어떻게 모르는 게 없니?"

"하하! 쑥스럽게 왜 이래?"

리사가 정색하며 말했다.

"아니야. 이번 여행을 통해서 찬영이를 완전히 다시 보게 됐어."

"리사가 그렇게 생각해준다면 나야 고맙지."

서로를 향한 리사와 찬영의 눈이 호감으로 빛을 발했다. 두 사람을 지켜보며 선재는 날카로운 것으로 긁힌 듯이 마음이 아팠다.

"정말 예쁘다!"

미술관 밖으로 나오던 리사가 환호성을 질렀다. 작은 좌판을 세우고 이미테이션 목걸이를 팔고 있는 청년을 발견했기 때문이다. 한 개에 3유로짜리 목걸이는 조악했지만, 스페인에 흠뻑 취해 있는 리사의 눈엔 돌멩이조차 아름다워 보이는 것 같았다.

"이런 목걸이가 리사한테 어울릴까?"

찬영이 고개를 갸웃거리고 있을 때, 선재가 불쑥 리사가 탐내던 목걸이를 집었다.

"이거 하나 주세요."

"어, 선재가 사주려고?"

"응! 나의 작은 선물이야."

"고마워, 선재야."

"내가 걸어줄게."

"그럴래?"

리사의 희고 가느다란 목에 목걸이를 걸어주는 선재를 바라보며 찬영이 입술을 깨물었다. 자신을 째려보는 찬영의 눈빛을 느꼈지만 선재는 무시하기로 했다.

이때 카를로가 다가와 말했다.

"자, 이제 말라가를 향해 떠나도록 하시죠."

"알았어요. 얘들아, 가자."

찬영이 굳은 얼굴로 카를로를 따라 돌아섰다. 리사와 선재도 찬영을 따라 걸음을 옮겼다.

"와아! 드디어 말라가에 도착했구나!"

밤을 새워 달린 리사와 친구들은 아침이 환하게 밝아올 무렵 밴 안에서 깨어났다. 창밖으로 보이는 푸른 지중해와 새하얀 모래사장을 발견한 아진과 윤지가 동시에 환호성을 질렀다.

리사가 한껏 들뜬 목소리로 말했다.

"코스타델솔, 이곳을 왜 태양의 해변이라 부르는지 알겠지?"

"그래, 빛살이 정말 특별한 거 같아. 이제부터 태양의 해변에서 실컷 놀아보자."

맞장구를 쳐주는 찬영을 향해 리사가 친근하게 미소 지었다. 리사와 시선을 마주하고 있던 찬영이 미간을 살짝 찌푸렸다. 리사의 목에 걸려 있는 싸구려 목걸이가 눈에 들어왔기 때문이다. 찬영은 당장이라도 싸구려 목걸이를 뜯어 내던져 버리고 싶은 것을 가까스로 참았다.

'스페인에선 최대한 대범하게 행동하는 거야. 옹졸한 선재와 비교돼야 리사의 마음을 얻을 수가 있어.'

골똘히 생각에 잠겨 있는 찬영을 운전석의 카를로가 힐끗 돌아보았다.

"찬영 님, 스카이호텔에 도착했습니다."

"이, 이게 찬영이네 호텔이야?"

호텔 정문을 통과하는 친구들의 입에서 절로 감탄사가 흘러나왔다. 말라가 스카이호텔은 일단 규모 면에서 서울의 호텔들과는 비교가 되지 않았다. 해안선을 따라 자리 잡은 수만 평의 대지에 올리브나무와 야자수가 우거져 있고, 그 사이에 수십 층의 현대식 본관과 여러 동의 풀빌라들이 자리 잡고 있었다. 카를로가 운전하는 밴이 호텔 정문을 통과한 후에도 십 분 넘게 울창한 숲 사이로 뚫린 진입로를 달려 들어갔다. 리사는 열매가 주렁주렁 달린 올리브나무와 야자수를 바라보며 감동받은 목소리로 말했다.

"꼭 낙원에 와 있는 거 같아!"

비포장 도로를 달리던 밴이 한참만에야 정지했다.

"다 왔습니다. 먼 길 오시느라 고생들 하셨습니다."

드르륵!

카를로가 옆문을 열어주자 리사와 친구들이 차례로 내렸다. 차에서 내린 리사가 다시 한 번 감동받은 표정을 지었다.

"우와!"

야자수가 울창한 숲 한복판에 그림 같은 풀 빌라가 펼쳐져 있었다. 숲속의 연못처럼 맑은 물이 찰랑거리는 수영장과 야자나무로 지붕을 엮은 빌라의 발코니가 연결되어 언제든 수영을 즐길 수 있었다. 수영장에 들어가 앉으면 저 아래 파도가 하얀 물거품을 일으키는 해안이 한눈에 내려다보였다. 리사가 발코니에 나란히 놓인 비치베드를 쳐다보며 들뜬 목소리로 중얼거렸다.

"저기 누워 시원한 음료수를 마시며 태양의 해변을 감상하고 싶어."

"마음에 들어?"

"당연하지! 너무 멋져서 숨이 멎을 지경이야!"

찬영을 향해 돌아서며 리사는 찬영을 껴안기라도 할 기세였다. 빌라 안으로 친구들의 짐을 옮겨놓은 카를로가 찬영을 향해 고개를 숙였다.

"일단 짐을 푼 후 쉬고 계십시오. 저는 식사를 준비시키겠습니다."

찬영이 친구들을 돌아보았다.

"우리 바다부터 다녀올까?"

"나는 찬성!"

"나도!"

"좋아, 그럼 지중해에 몸을 담그러 가자!"

"하하하!"

"깔깔깔깔!"

찬영과 리사와 친구들은 바다에 뛰어들어 서로에게 물을 끼얹으며 신나게 놀았다. 강렬한 햇살 아래서 친구들의 얼굴이 건강하게 반짝였다. 멀리 지중해에서 불어오는 시원한 바람과 끝없이 펼쳐진 고운 모래사장 그리고 해변 카페에서 들려오는 잔잔한 음악까지. 친구들 모두 최고의 휴양지에서 즐거운 시간을 만끽하고 있었다. 단 한 사람, 선재만 빼놓고. 선재는 물 위에 뜬 기름처럼 친구들과 섞이지 못하고, 약간 떨어진 바위 위에 걸터앉아 파란 하늘을 흘러가는 뭉게구름을 보고 있었다.

"꺄아악!"

리사의 날카로운 비명소리가 들려온 것은 그때였다. 선재가 앞뒤 가리지 않고 바닷속에 있는 리사를 향해 무작정 헤엄치기 시작했다.

풍더엉!

"리사, 내가 구해줄게!"

선재가 바닷속으로 몸을 던지며 소리를 질렀다.

"……!"

순간 자신을 빤히 쳐다보는 리사와 찬영 등의 시선을 느끼고 선재가 황당한 표정을 지었다. 물 깊이가 우두커니 서 있는 친구들의 배꼽 깊이까지 밖에 되지 않았던 것이다. 선재가 어리둥절한 얼굴로 몸을 일으켰다.

"이게 대체 무슨?"

찬영이 선재를 가리키며 피식 웃었다.

"거봐, 내 말이 맞지? 리사가 비명을 지르면 멍 때리고 있던 선재가 돌변해서 달려올 거라고 했잖아."

동시에 아진과 윤지와 가빈이 키득거리기 시작했다.

"찬영이 말이 맞네."

"이선재, 멋진데!"

"이제 보니 순정파였구나!"

선재가 입술을 질끈 깨물며 리사를 휙 째려보았다. 다른 친구들은 그렇다 쳐도 리사가 자신을 놀리는 것만은 참을 수가 없었다. 리사가 급히 손을 모으고 사과했다.

"미안, 미안. 그냥 장난 한 번 쳐본 거야. 나도 네가 이렇게까지 반응할 줄은 몰랐거든."

"……."

"화 많이 났어?"

선재가 싸늘하게 돌아섰다.

"괜찮으니까 신경 쓰지 마."

"꺄악!"

리사가 다시 비명을 지르자, 선재가 눈을 확 치켜뜨며 돌아섰다.

"리사, 너 정말!"

그런데 이번엔 선재를 놀리려는 게 아닌 것 같았다. 리사가 당황스런 얼굴로 주변을 두리번거리고 있었다. 리사의 한 손이 텅 비어 있는 목 부분을 만지고 있었다.

"내 목걸이! 선재가 선물한 목걸이가 사라졌어!"

"목걸이가 사라졌다고?"

선재도 그제야 리사를 따라 수면을 둘러보았다. 하지만 목걸이는 보이지 않았다. 찬영이 리사에게 설득조로 말했다.

"내가 더 좋은 걸로 사줄게. 사실 그 이미테이션 목걸이 너와는 어울리지 않았어."

"하지만……."

리사가 곤란한 눈으로 선재를 쳐다보았다. 선재는 아무 말도 하지 않고 가만히 서 있었다. 이때 카를로가 해변으로 내려와 찬영을 불렀다.

"찬영 님, 식사가 준비됐습니다!"

"일단 밥부터 먹고 와서 찾아보자."

찬영이 리사의 팔을 억지로 잡아끌었다. 찬영에게 끌려가며 리사가 우두커니 서 있는 선재에게 물었다.

"너는 안 가?"

"나는 조금 더 찾아보고 갈 테니까 먼저 가."

"목걸이 안 찾아도 괜찮으니까 괜한 고생 말고 그냥 와."

"……."

리사와 친구들의 모습이 해변에서 완전히 사라질 때까지 선재는 뚫어져라 수면을 응시하고 있었다.

풀빌라의 수영장과 맞닿은 테라스에 씨푸드 만찬이 차려져 있었다. 물놀이를 하느라 잔뜩 배고팠던 리사와 친구들은 바닷가재와 구운 생선과 오징어 샐러드 등을 허겁지겁 먹어치웠다. 악기를 든 연주자들이 나타나 리사와 친구들 옆에서 아름다운 음악을 들려주었다. 훌륭한 음식과 감미로운 음악과 지중해에서 불어오는 시원한 해풍이 완벽한 조화를 이루며 여행지의 분위기를 한껏 고조시켰다. 그래서였을 것이다. 밤이 늦도록 선재가 돌아오지 않았다는 사실을 리사가 미처 깨닫지 못한 것은.

"어라? 그런데 선재가 안 보이네?"

리사보다 아진이 먼저 선재가 돌아오지 않았다는 걸 알아차렸다. 찬영이 고개를 갸웃하며 말했다.

"설마 아직까지 그 싸구려 목걸이를 찾고 있는 건 아니겠지?"

"선재 이 녀석, 왜 사사건건 분위기를 망치는 거야?"

미간을 좁히는 리사의 눈에 저쪽에서 터벅터벅 걸어오는 선재의 모습이 보였다. 머리에서부터 발끝까지 흠씬 젖은 것으로 보아 목걸이를 찾기 위해 밤바다를 헤맨 게 분명했다. 자신 앞에 서는 선재를 향해 리사가 버럭 화부터 냈다.

"이선재! 너 지금까지 목걸이 찾아다녔던 거야?"

"으응……."

"대체 왜 그리 말귀를 못 알아먹니? 내가 분명히 그런 싸구려 목걸이는 필요 없다고 했지? 그런데 대체 왜?"

터억!

"……!"

선재가 리사의 손바닥 위에 무언가를 놓아주었다. 그것이 자신이 잃어버린 목걸이란 것을 깨닫고 리사는 잠시 멍해졌다.

"이, 이걸 어떻게?"

"모래사장에 떨어져 있었어. 싸구려 목걸이지만 내가 너에게 준 첫 번째 선물이니까 간직해줬으면 좋겠어."

파아악!

"너 정말 끝까지 이럴 거야?"

선재의 얼굴을 멍하니 바라보던 리사가 발밑에 목걸이를 팽개쳐 버렸다. 리사가 어리둥절해 하는 선재에게 막무가내로 화를 냈다.

"네가 계속 이런 쓸데없는 일에 신경 쓰면서 시무룩해져 있으니까 내가 여행을 즐길 수가 없잖아! 내가 이번 스페인 여행을 얼마나 기대했는지 정말 몰라서 그러는 거야?"

"으음……."

씩씩대는 리사의 얼굴을 물끄러미 바라보던 선재가 착 가라앉은 소리로 말했다.

"나 때문에 방해가 됐다면 미안해. 하지만 일부러 그럴 생각은 없었어. 더 이상 신경 쓰이게 하지 않을 테니, 지금부터라도 마음껏 즐기도록 해."

할 말을 마치고 천천히 돌아서는 선재에게 리사가 버럭 소리쳤다.

"또 어딜 가는 거야?"

"……."

선재는 대답하지 않았다. 그의 맞은편에서 헐레벌떡 달려오며 카를로가 대신 말했다.

"선재 학생, 떠날 준비는 끝난 거야?"

"네, 지금 이대로 가면 될 것 같아요."

리사가 아직 화가 풀리지 않은 목소리로 물었다.

"선재가 어디로 떠난다는 거예요?"

"선재 학생은 오늘 밤 비행기로 한국으로 돌아갑니다. 한국의 사장님께 급히 연락이 왔는데, 선재의 아버지께서 위독하시다고 합니다."

"그, 그게 정말이야?"

리사의 눈이 휘둥그레졌다. 선재가 리사와 친구들을 돌아보며 억지로 웃었다.

"혼자만 갑자기 떠나게 돼서 미안. 다들 건강한 모습으로 한국에서 보자."

그 말만 남기고 선재가 카를로를 따라 급히 걸음을 옮겼다. 리사는 선재를 불러야한다고 생각했다. 뭔지는 잘 모르겠지만 선재에게 꼭 해야 할 말이 있는 것 같았기 때문이다. 하지만 선재의 모습이 야자나무 사이로 완전히 사라질 때까지 리사는 입도 벙긋하지 못하고 있었다.

피곤에 지친 친구들이 모두 잠자리에 들고 난 후에도 리사는 테라스의 의자에 멍하니 앉아 밤하늘을 뒤덮은 별무리를 보고 있었다. 리사의 손에는 선재가 찾아주고 떠난 목걸이가 쥐어져 있었다. 막상 선재가 떠나고 나자 리사는 소중한 것을 잃어버린 듯 마음이 스산해졌다.
"나빴어. 기어이 내 여행을 망쳐놓고 이렇게 떠나버리다니."
리사의 눈에서 눈물 한 방울이 떨어졌다. 이때 뒤쪽에서 누군가 리사의 어깨에 살며시 손을 얹었다.
"리사, 울지 마."
"차, 찬영아."
찬영이 리사 앞에 서서 부드럽게 미소 지었다.
"선재와 너는 처음부터 어울리지 않았어. 여행 중에 리사도 느꼈을 거야. 차라리 지금 선재를 네 마음속에서 떠나보내는 게 서로를 위해 좋지 않을까?"
"선재를 내 마음속에서 떠나보낸다고……?"
"응!"
눈을 동그랗게 뜨고 묻는 리사를 향해 찬영이 고개를 크게 끄덕였다. 하지만 리사를 포기시키기 위한 찬영의 한 마디는 오히려 리사에게 새로운 깨달음을 주고 말았다. 리사가 목걸이를 힘주어 잡으며 마음속으로 부르짖었다.

'이 목걸이를 다시 찾아준 것처럼 선재는 그동안 내 곁에서 나와 맞추기 위해 많은 것들을 희생했어. 그런데 나는 내가 가진 단 한 가지도 포기하지 않으려고 했어. 그래서 선재가 못 마땅해 보였던 거야. 내가 가진 것을 포기하기 싫으니까 선재도 덩달아 싫어지게 된 거라고.'

"리사, 그만 들어가자. 내일 알함브라 궁전을 구경하려면 일찍 자야 해."

"아니, 나는 이번 스페인 여행을 포기하겠어!"

"그, 그게 무슨 소리야?"

리사가 박차고 일어나자 찬영이 흠칫 놀랐다. 리사가 찬영의 눈을 들여다보며 확신에 찬 목소리로 말했다.

"이번 여행이 나한테 너무 소중했기 때문에 나는 여행에 방해가 되는 선재를 밀어내고 있었어. 그런데 이제야 알게 됐어. 내가 무언가를 포기해야만 나도 소중한 걸 얻을 수 있다는 사실을 말이야."

"그게 대체 무슨 소리야?"

"미안! 지금 당장 공항에 가봐야겠어!"

리사가 급히 몸을 돌려세웠다.

"리사, 기다려봐!"

"으앗!"

찬영이 뒤쪽에서 팔을 붙잡으려는 찰나, 리사가 균형을 잃고 앞쪽으로 쓰러졌다. 수영장의 파란 수면이 화악 닥치는 순간, 리사의 몸 윤곽을 따라 빛이 희미하게 떠오르기 시작했다.

후우우웅--!

리사가 수영장에 떨어지기 직전, 눈부신 빛에 싸인 그녀의 모습이 스페인의 휴양지에서 홀연히 사라져 버렸다.

3
동화 속의 왕자님 에드워드와의 만남

첨벙--!

"어푸푸!"

리사는 물에 빠져 정신없이 허우적거렸다. 리사는 자신이 스페인 풀빌라의 수영장에 빠진 줄만 알았다. 그런데 정신을 차려보니 그녀는 엉뚱하게도 널찍한 욕조 안에서 혼자 허우적대고 있었다.

"이런, 또 시간여행이 시작된 건가?"

리사가 물에 빠진 생쥐 같은 몰골로 일어서며 중얼거렸다. 아니나 다를까, 욕조 난간에 두터운 양장본의 '세기의 로맨스' 책이 놓여 있었다. 리사가 책을 옆구리에 끼며 몸을 돌려세웠다.

"그나저나 여긴 어디…… 꺄아악!"

목욕타월로 아랫도리만 가린 파란 눈의 백인 청년이 눈앞에 서 있는 것을 발견하고 리사가 비명을 질렀다.

"이 치한! 변태! 말미잘 같으니! 여자 앞에서 옷을 벗고 뭐하는 짓이야? 당신 혹시 바바리맨이야?"

"이봐, 바바리맨이 뭔지는 모르겠지만 일단 진정부터 하는 게 어때?"

청년이 리사를 향해 손을 내뻗으며 설득조로 말했다. 청년의 목소리는 의외로 낮고 부드러워서 리사는 저도 모르게 경계심이 살짝 풀렸다. 자세히 살펴보니 브론드 빛깔의 풍성한 머리카락과 지중해의 물빛을 닮은 눈동자와 곧게 뻗은 콧날에 늘씬한 몸매를 자랑하는 청년은 화보에서 방금 튀어나온 듯 완벽한 미남자였다.

리사가 청년을 위아래로 훑어보며 끌끌 혀를 찼다.

"멀쩡하게 생긴 사람이 왜 이런 짓을 해요?"

"이봐, 아가씨. 뭔가 오해를 한 것 같은데……."

"물론 오해라고 말하고 싶겠죠. 하지만 모든 상황이 당신이 변태라고 말해주고 있잖아요."

"아가씨 그러니까 내 말부터……."

"일단 정신과 치료부터 받아보는 게 어때요? 어렸을 때 부모님한테 사랑받지 못하고 자란 남자들이 당신처럼 된다고 하던 걸요."

"야! 내 말부터 좀 들어!"

"!"

청년이 버럭 고함을 지르자, 리사가 비로소 입을 다물었다. 씩씩대는 청년의 얼굴을 보며 리사가 살짝 기가 꺾인 목소리로 말했다.

"왜 소리는 지르고 그래요?"

"내가 지금 소리를 안 지르게 됐어? 여긴 내 방에 딸린 내 욕실이야. 그런데 네가 갑자기 내 욕조 속에서 불쑥 일어났단 말이야. 너야말로 어떻게 남의 욕실에 들어오게 됐는지 설명해야 하는 거 아닌가?"

"하하!"

그제야 상황을 파악한 리사가 머리를 긁적이며 웃었다. 침입자는 청년이 아니라 자신이었던 것이다. 사납게 눈을 치켜뜨고 있는 청년의 눈치를 살피며 리사가 얼른 화제를 돌렸다.

"제 이름은 리사라고 해요. 오빠는 이름이 뭐예요?"

"오빠라고?"

기가 막힌 듯 반문하는 청년을 향해 리사가 애교 섞인 미소를 날렸다.

"네, 오빠!"

"흠흠! 내 이름은 에드워드야."

리사가 에드워드를 향해 불쑥 손을 내밀었다.

"반가워요, 에드워드."

"그래, 어쨌든 반갑다."

"그런데 무슨 욕실이 이렇게 화려해요. 꼭 호텔 스위트룸의 욕실 같잖아요."

리사가 넓고 화려한 장식으로 꾸며진 욕실을 둘러보며 고갤 갸웃했다. 에드워드가 그런 리사의 얼굴을 들여다보며 오히려 황당한 표정을 지었다.

"너 정말 여기가 어딘 줄 모르는구나?"

"여긴 에드워드의 집 아닌가요?"

"우리 집 맞아. 문제는 우리 아버지가 조지 5세라는 사실이지."

"조지 5세면 혹시 영국의 국왕?!"

"맞아. 그리고 이 욕실이 호텔 스위트룸보다 화려한 이유는 우리 집이 바로 버킹검궁이기 때문이야."

"그러니까 이곳이 영국왕실의 궁전 버킹검궁이란 말이죠?"

영혼이 반쯤 빠져나간 듯한 리사를 향해 에드워드가 고개를 끄덕였다.

"응!"

"어쩐지!"

리사가 에드워드의 고급스런 브론드빛 머릿결과 기품이 흐르는 얼굴을 새삼스럽게 다시 쳐다보았다. 에드워드가 그런 리사를 향해 정색하며 말했다.

"자, 이제 말해봐."

"뭐, 뭘요?"

"어떻게 경비가 삼엄한 궁에서도 가장 깊숙한 곳에 위치한 내 욕실까지 침입할 수 있었지?"

"그게 저어……."

선뜻 대답을 못하고 우물쭈물하는 리사의 얼굴을 에드워드가 수상쩍다는 듯이 째려보았다.

"리시, 너 정말 수상해."

"실은 나는 황태자님의 광팬이에요."

"내 얼굴도 모르면서 내 팬이라고? 그게 말이 된다고 생각해?"

"런던의 모든 소녀들이 미남 황태자님을 열렬히 사랑한다는 걸 알고 계시죠? 그런 소녀들 대부분은 황태자님 얼굴도 잘 모르지만 무작정 좋아하고 있어요. 나도 그런 소녀들 중 한 명이거든요. 그래서 황태자님을 직접 만나보고 싶은 욕심에 몰래 궁으로 숨어들었던 거예요."

"으음……."

에드워드가 눈을 가늘게 뜨자, 리사는 어깨를 축 늘어뜨렸다.

'쳇! 이런 엉터리 같은 변명을 믿어줄 리가 없지.'

리사가 생각하기에도 자신의 변명은 말이 되지가 않았던 것이다. 그런데 에드워드가 씨익 웃으며 리사의 어깨를 두드려주는 것이 아닌가.

"아무리 그래도 궁으로 숨어드는 건 너무 심했어. 그런데 런던의 소녀들이 나를 그렇게 좋아한단 말이지? 그 부분에 대해 좀 더 자세히 얘기해줄래?"

'이걸 믿다니 어이가 없군.'

리사가 에드워드를 흘겨보고 있을 때, 방문을 박차고 사람들이 뛰어 들어왔다.

콰앙!

"저기 침입자가 있다! 황태자님을 보호하라!"

불독처럼 생긴 뚱뚱한 중년 남자가 근위병들과 함께 리사를 향해 달려들었다.

"꺄아악!"

"이봐, 진정들 해!"

비명을 지르는 리사의 앞을 에드워드가 재빨리 막아섰다. 중년 남자가 살찐 볼을 씰룩거리며 리사를 잡아먹을 듯 노려보았다.

"전하, 저 계집아이는 누굽니까?"

리사가 에드워드의 등 뒤에서 얼굴을 빼꼼히 내밀고 발끈했다.

"아저씨야말로 누구기에 처음 본 숙녀한테 계집아이라고 하는 거예요?"

"저런 건방진 것을 봤나? 나는 영국 왕실의 평안과 안전을 책임지고 있는 시종장 피터 와이즈번이라고 한다. 그러는 너는 누구기에 감히 황태자 전하의 욕실을 침범했느냐? 제대로 설명하지 못하면 즉시 감옥에 처넣을 줄 알아!"

시종장 피터의 서슬 퍼런 기세에 질린 리사가 최대한 불쌍한 표정으로 에드워드를 돌아보았다. 잠시 고민하는 듯하던 에드워드가 피터를 향해 대수롭지 않게 말했다.

"리사는 내 오랜 친구야. 실은 오늘 밤 파티에 동행하려고 내가 불렀어."

"저런 쥐 방울만 한 계집아이가 전하의 친구라고요?"

"뭐라고? 쥐 방울!"

다시 발끈하는 리사의 머리를 찍어 누르며 에드워드가 억지로 미소 지었다.

"친구 맞거든."

"으음……."

의심스런 눈초리로 에드워드와 리사의 얼굴을 번갈아 보던 시종장이 마지못해 고개를 끄덕였다.

"전하께서 그렇게 말씀하시니, 일단은 믿어드리죠. 어쨌든 서두르십시오. 까닥하면 파티에 늦으십니다."

"이런! 시간이 벌써 그렇게 됐나? 피터, 일단 옷부터 갖다 줘."

"전하의 의상을 가져와라!"

짝짝!

피터가 손뼉을 마주치자, 시종들이 세련된 셔츠와 고급스러운 수트를 들고 들어왔다. 시종들이 신데렐라를 돕는 요정들처럼 순식간에 에드워드에게 파티 의상을 입혀주었다. 와이드 스프레드 칼라의 셔츠와 클래식한 수트를 입은 데이드에게선 세련미와 기품이 줄줄 흘렀다. 넥타이는 에드워드가 직접 맸다. 그가 먼저 넥타이를 뒤로 하여 오른쪽 목끈에 돌려 감고, 뒤로 돌리면서 왼쪽 목끈에 돌려 감았다. 그런 다음 오른쪽으로 중심에 당겨 매듭을 크게 묶었다. 그런 식으로 매자 단호하면서도 강인한 남성미가 물씬 풍겼다. 장담하건대, 리사는 지금껏 이렇게 정장이 잘 어울리는 남자를 본 적이 없었다.

리사가 양손을 맞잡으며 저도 모르게 탄성을 질렀다.

"어쩜, 멋있어라!"

피터가 우쭐한 표정으로 리사를 향해 설명했다.

"전하처럼 넥타이를 매는 방식을 사람들은 윈저노트라고 부르지. 전하께서 이런 식으로 넥타이를 매는 법을 유행시키신 거야. 그뿐만이 아니라 이 와이드 스프레드 셔츠와 클래식 수트도 전하께서 유행시키셨지. 영국의 황태자인 동시에 유럽 패션계를 주도하는 패션 리더시기도 하지."

자기가 멋진 것도 아니면서 잘난 척을 하는 피터가 얄미웠지만 리사도 에드워드가 패션 리더라는 말에는 동의하지 않을 수 없었다.

'그래, 황태자라면 저 정도는 되어야지!'

피터가 에드워드를 밖으로 인도했다.

"전하, 이제 가시죠. 밖에 차가 준비돼 있습니다."

"그래, 나가지!"

"에드워드, 같이 가야죠!"

리사가 황태자를 헐레벌떡 쫓아나갔다.

시원한 바람이 불고 있는 초여름 저녁이었다. 에드워드와 리사를 태운 번쩍번쩍 빛나는 검은색 리무진이 런던 시내를 달리고 있었다. 리사는 에드워드와 리무진 뒷좌석에 나란히 앉아 창밖을 보고 있었다. 고풍스런 건물들이 즐비한 거리를 내다보며 리사가 물었다.

"에드워드, 지금이 혹시 몇 년도에요?"

"그걸 몰라서 묻는 거야? 1931년 6월이잖아."

"아하! 자동차가 달린다 싶었더니, 아주 먼 옛날은 아니었군요."

고개를 주억이는 리사의 얼굴을 에드워드가 이상하다는 듯 쳐다보았다.

"와아아!"

"꺄아악!"

"황태자님이시다!"

런던 중심가의 파티장 안으로 에드워드가 들어서자마자 큰 소동이 벌어졌다. 파티복을 예쁘게 차려입은 소녀 팬들이 훈남 황태자의 얼굴을 보려고 한꺼번에 몰려들었기 때문이다.

"황태자님, 사랑해요!"

"황태자님, 오늘 패션 너무 멋지세요!"

"특히 윈저노트가 너무 세련됐어요!"

"황태자님, 사인 좀 부탁해요!"

시종장 피터와 경호원들이 구름처럼 몰려드는 소녀 팬들을 밀어내려고 진땀을 흘리는 사이 에드워드와 리사는 간신히 파티장으로 들어갈 수 있었다.

일단 파티장 안으로 들어온 후에도 정신이 하나도 없었다. 런던의 수많은 유명 인사들이 황태자와 인사를 나누려고 길게 줄을 섰다.

에드워드는 그들 한 사람, 한 사람과 인사를 나누고 대화를 나눠야 했다. 잠시도 쉬지 못하고 새로운 손님과 악수하는 에드워드를 보며 리사가 고개를 절레절레 흔들었다.

"휴우, 황태자도 아무나 하는 게 아니구나."

이때 집사처럼 보이는 백발신사가 나와 종을 흔들며 목청을 높였다.

"이제부터 경매를 시작하도록 하겠습니다!"

"오잉? 갑자기 웬 경매지?"

어리둥절한 리사의 옆으로 에드워드가 지친 얼굴로 다가와 설명했다.

"오늘 파티의 하이라이트야. 명망 있는 귀족이나 사업가의 주얼리를 경매로 사들이는 행사지. 유명인의 주얼리를 사들이는 사람은 그의 명성까지 덤으로 얻게 되기 때문에 가격이 몇 배로 폭등하기도 하거든."

"그럼 전하께서도 참석하실 거예요?"

"당연하지. 특히 오늘은 유명한 카밀라 공작부인의 주얼리가 나오기로 돼 있거든."

"아, 그렇군요."

리사가 건성으로 고개를 끄덕이며 에드워드와 함께 경매가 벌어지는 별실로 들어갔다.

"자! 존슨 백작의 순금 회중시계입니다! 이 명품의 소유자가 되기를 원하시는 분은 가격을 불러주세요!"

"50파운드!"

"60파운드!"

"80파운드!"

"자! 80파운드까지 나왔습니다! 더 부르실 분 안 계십니까? 그럼 회중시계의 주인은 사업가 파커슨 씨로 결정됐습니다!"

짝짝짝짝!

백발의 거드름을 피우며 앉아 있는 중년 남자를 가리키며 별실을 가득 메운 사람들 사이에서 박수가 터져 나왔다. 리사도 처음에는 자기과시를 위한 이 경매가 썩 마음에 들지 않았다. 하지만 점점 더 예쁘고 고급스런 주얼리가 나오자 점차 눈을 반짝이며 경매에 빠져들기 시작했다. 이때 에드워드가 리사의 귀에 대고 속삭였다.

"드디어 런던의 유명한 주얼리 수집가 카멜라 공작부인의 명품 목걸이가 나왔다."

"어디요?"

리사가 목을 길게 빼고 앞을 쳐다보았다. 순간 두 명의 예쁜 아가씨가 밀고 나오는 카트 위에 놓여 있는 사파이어 팬던트 목걸이를 발견하고 리사의 눈이 휘둥그레졌다.

"어쩜! 저렇게 아름다울 수가!"

영롱한 파란 빛깔로 반짝이는 커다란 사파이어는 절로 보는 사람의 영혼을 사로잡았다. 리사가 기대 가득한 눈으로 에드워드를 돌아보았다.

"저 사파이어 목걸이를 살 거에요?"

"저것 때문에 이 파티에 왔다니까."

"하지만 에드워드는 남자잖아요. 그런데 왜?"

"내게도 곧 사랑하는 여자가 생기지 않겠니? 그 사람에게 선물로 줄 생각이야."

"아, 그럼 되겠군요."

리사가 고개를 주억일 때, 경매가 시작되었다. 백발의 신사가 고급스런 기품이 흐르는 주얼리를 가리키며 씨익 웃었다.

"카멜라 공작부인의 주얼리에 대해선 더 이상 설명드리지 않아도 된다고 생각합니다. 런던에서 가장 귀한 주얼리 중 하나인 공작부인의 사파이어 목걸이를 원하시는 분은 가격을 불러주십시오."

사방에서 앞다퉈 팔을 들었다.

"1000파운드!"

"1500파운드!"

"2000파운드!"

분위기가 충분히 고조되자 에드워드가 느긋하게 팔을 들어올렸다.

"5000파운드!"

다른 손님들이 휘둥그레진 눈으로 돌아보았다.

"으악! 누가 5000을 부른 거야?"

"에드워드 황태자 전하시다!"

"전하시라면 5000파운드를 부를만도 하지."

"쳇! 전하께서 나섰다면 포기해야 하는 건가?"

이때 어디선가 카랑카랑한 여자의 목소리가 울려 퍼졌다.

"5500파운드!"

"응?"

에드워드와 리사가 동시에 소리 나는 쪽을 돌아보았다. 순간 당당하게 팔을 들고 있는 젊은 여자의 모습이 눈에 들어왔다. 키가 훌쩍 큰 아가씨는 솔직히 눈에 확 띄는 미인은 아니었다. 하지만 세련되고 지적인 얼굴은 충분히 매력적이었다. 특히 핑거 웨이브의 흑발과 지금 그녀가 소유하고 싶어 하는 사파이어를 닮은 파란색 원피스는 썩 훌륭한 조화를 이루고 있었다. 또한 다이아몬드가 박힌 까르띠에 시계와 역시 명품으로 보이는 귀걸이, 목걸이, 반지로 이루어진 주얼리 세트는 그녀를 한층 고급스러워 보이도록 만들었다. 일단 세련된 패션 감각만으로도 정체불명의 아가씨와 에드워드가 썩 어울려 보인다고 리사는 문득 생각했다. 에드워드도 같은 생각을 했는지 빙그레 미소 지으며 팔을 들어올렸다.

"6000파운드!"

"6500파운드!"

"7000파운드!"

"7500파운드!"

에드워드와 아가씨 사이에 한 치의 물러섬도 허락되지 않는 불꽃 튀는 대결이 벌어졌다. 점점 가격을 높이는 두 사람을 보며 손님들이 수군거리기 시작했다.

"우우~ 8000파운드라니?"

"아무리 카밀라 공작부인의 주얼리라도 값이 너무 뛰었어."

손님들의 표정에 불쾌감이 떠오르기 시작하자 에드워드는 더 이상 가격을 올릴 수가 없었다. 물론 그는 영국 최고의 부자인 왕실의 황태자였지만 돈 자랑하는 것이야말로 왕실의 품위를 손상시키는 일이었다.

"아! 황태자 전하께서 더 이상 가격을 높이지 않으시는군요! 그렇다면 이 최고급 주얼리는 베시 월리스 양의 소유로 결정됐습니다!"

짝짝짝짝!

"와아아아!"

사방에서 박수와 환호성이 터져 나오는 가운데 자리에서 일어서서 인사하는 아가씨의 얼굴을 에드워드가 뚫어져라 쳐다보았다.

경매가 끝나고 에드워드는 리사와 함께 서성이다가 거실 구석에서 문제의 아가씨와 다시 마주쳤다. 두 사람은 서로의 얼굴을 멍하니 보다가 동시에 피식 웃음을 흘렸다.

"나로 말할 것 같으면 조지 5세 전하의 장자이자……."

"저도 누구신지는 이미 알고 있습니다."

"아, 그렇겠군요."

"그래도 정식으로 인사를 나누고 싶네요."

황태자를 진혀 두려워하지 않고 들었다놨다하는 아가씨의 얼굴을 리사가 신기한 듯 쳐다보았다. 에드워드도 그런 아가씨가 싫지 않은 듯 고개를 살짝 숙였다.

"정식으로 소개하리다. 나는 영국의 황태자 에드워드 앨버트 크리스천 조지 앤드루 패트릭 데이비드 윈저라고 하오."

"이름 한 번 길기도 하네요. 제 이름은 베시 윌리스 워필드라고 해요."

"베시라고 불러도 되겠소?"

"좋으실 대로 하세요."

"좋아요, 베시. 일단 경매에서 아름다운 주얼리를 낙찰 받은 걸 축하하오."

베시가 갑자기 울상을 지었다.

"실은 그것 때문에 드릴 말씀이 있는데요."

"무슨?"

"실은 제가 주얼리를 낙찰 받을만한 돈이 없거든요. 그러니까 전하께서 저한테 양도받는 형식으로 가져가시면 안 될까요?"

"하하!"

황당한 듯 헛웃음을 흘리던 에드워드가 물었다.

"아니, 그러면서 왜 계속 가격을 올렸던 거요?"

"그야 전하께서 틀림없이 더 가격을 올릴 거라고 믿었기 때문이죠. 전하는 영국 최고의 부자시잖아요. 저는 전하와 끝까지 대결한 여자로 유명세를 타고, 전하는 주얼리를 얻으시고, 나름 공평한 거

래라고 생각했거든요."

"그게 말이 된다고 생각하는 거요?"

황당한 표정을 짓는 에드워드를 향해 베시가 두 손을 모으며 애원조로 말했다.

"제가 대신 이 시끄러운 파티장 밖을 벗어나서 맛있는 저녁 식사를 대접할게요. 어떠세요?"

"……."

미간을 좁힌 채 베시의 얼굴을 바라보던 에드워드의 표정이 스르륵 풀렸다.

"만약 저녁 식사까지 맛이 없다면 각오해야 할 거요."

4
에드워드의 마음을 사로잡은 베시

다행히 런던 시내의 한 해산물 레스토랑에서 먹은 저녁 식사는 기대 이상으로 맛있었다. 리사는 조개구이와 오징어 스파게티와 홍합 스튜를 정신없이 먹으며 연신 감탄사를 발했다.

"우와아! 이 조개구이 정말 입안에서 살살 녹아요. 이 홍합 스튜 좀 먹어봐요. 둘이 먹다가 하나가 꼴까닥 해도 모를 정도에요."

에드워드와 베시가 빙그레 미소를 지으며 그런 리사를 쳐다보았다. 처음 만난 사이였지만 두 사람은 대화가 썩 잘 통했다. 에드워드는 공식적인 자리에선 결코 보여주지 않았던 밝은 미소까지 가끔 보여주었다. 베시의 엉뚱하고도 털털한 면이 왕실의 빽빽한 일정에 맞춰 살아가는 에드워드에게 해방감을 안겨주는 듯했다.

식사를 모두 마치고 레스토랑 앞에서 작별할 때, 에드워드가 베시를 향해 불쑥 말한 것은 아마도 그래서였을 것이다.

"베시, 우리 앞으로도 계속 친구로 지낼 수 있겠소?"

"으음……."

잠시 고민하던 베시가 흔쾌히 고개를 끄덕였다.

"황태자 전하의 친구라, 아무리 생각해봐도 거절할 이유가 없네요."

"그럼 다음 주에 이 레스토랑에서 다시 만날까요?"

"물론 좋아요."

"고맙소, 베시."

"고맙다는 인사도 제가 해야겠죠."

그날 이후 에드워드는 자주 베시와 만났다. 리사가 두 사람을 연결해주는 연락책 역할을 맡았다. 덕분에 리사는 에드워드의 친구로서 버킹검궁에 계속 머물 수가 있었다. 자신이 오갈 데 없는 고아라며 읍소한 것도 물론 한몫했다.

만나는 횟수가 늘어날수록 두 사람은 대화가 점점 잘 통했는데, 그건 두 사람의 취미와 관련이 깊었다. 에드워드와 베시 둘 다 패션에 관심이 지대했고, 주얼리를 끔찍이 사랑했다. 어느 디자이너의 새로운 컬렉션에 대한 평가만으로도 두 사람은 밤을 새워 얘기할 수 있을 정도였다. 리사가 가끔 옆에서 불평을 늘어놓지 않으면 정말로 밤을 새울 기세였다.

"이제 제발 그만 좀 해요. 그 디자이너의 컬러가 마음에 들지 않는다고 해서 나라가 망하는 것도 아니잖아요."

계절이 여름에서 가을로, 가을에서 겨울로 바뀌는 사이 두 사람의 관계는 점점 더 친밀해졌다. 리사도 두 사람의 사이를 부지런히 오가며 에드워드와 베시의 사이가 가까워지는데 일조를 했다. 하지만 리사는 이상하게도 두 사람이 결혼할 거라는 생각은 들지 않았다. 패션에 관심이 많다는 공통점을 제외하곤 두 사람의 성격이 달라도 너무도 달랐기 때문이다. 에드워드가 조용하고 신중한 성격인 반면, 베시는 활달하고 모험을 즐기는 성격이었다. 에드워드는 독서와 사색을 좋아했지만 베시는 파티와 승마를 좋아했다. 그래서 리사는 두 사람이 만나는 횟수가 늘어나고, 서로를 바라보는 눈빛이 강렬해져도 별로 심각하게 여기지는 않았다.
그런데 해가 바뀐 늦봄의 어느 날, 두 사람의 관계는 엉뚱한 사건으로 인해 진짜 심각해지고 말았다.

그날 저녁에도 에드워드는 리사와 함께 런던의 한 파티에 참석했다. 여느 때처럼 소녀 팬들이 몰려들고, 기자들이 플러시를 터뜨렸다. 그래도 에드워드는 눈살 한 번 찌푸리지 않았다. 수많은 유명 인사들이 줄을 길게 서서 악수를 청할 때도 싱글벙글이었다.
"으이그! 아주 좋아서 죽는구만."
그런 에드워드를 지켜보며 리사가 혀를 찼다. 에드워드가 저렇게 싱글벙글인 이유는 오늘 파티에 베시도 참석하기 때문이다.

"저기 베시가 있어."

에드워드가 귓가에 대고 속삭이자, 리사가 앞쪽을 보았다. 베시는 오늘도 평소 즐겨 입는 파란색 원피스에 주얼리로 세련미를 과시하며 몇몇 여자들과 대화를 나누고 있었다. 베시가 다른 여자들이 눈치 채지 못하도록 에드워드를 향해 손을 흔들었다. 리사는 왠지 심통이 나서 고개를 휙 돌려 버렸지만 에드워드는 헤벌쭉 웃으며 화답했다.

마침내 오랜 인사가 끝나고, 파티장에 경쾌한 춤곡이 흐르기 시작했다. 짝을 지어 춤추기 시작하는 사람들을 지나쳐 에드워드가 성큼성큼 베시를 향해 걸어갔다. 그가 베시에게 손을 내밀며 씨익 웃었다.

"아가씨, 한 곡 출 수 있는 영광을 주시겠습니까?"

순간 파티장에 있는 모든 여자들의 질투어린 시선이 베시에게로 쏠렸다. 베시가 수줍게 미소 지으며 에드워드가 내민 손을 잡았다. 두 사람이 음악에 맞춰 우아하게 춤추기 시작했다. 고급스럽고 세련된 수트를 입은 에드워드와 파란색 원피스를 입은 베시가 오늘만큼은 완벽한 커플로 보였다.

두 사람의 춤이 점점 빨라지며 얼굴도 가까워졌다. 춤을 추던 사람들이 조금씩 물러서며 두 사람이 좀 더 자유롭게 움직일 수 있는 공간을 만들어주었다. 리사는 저도 모르게 꿀꺽, 마른침을 삼켰다. 에드워드가 베시에게 키스할 것만 같았기 때문이다. 아니나 다를까,

황태자의 입술이 베시의 입술에 접근하고 있었다.

"죄송하지만 전하, 이제 그만 베시를 양보해주시겠습니까?"

"!"

한창 로맨틱한 분위기에 젖어들던 에드워드가 흠칫 놀라며 자신 앞에 서 있는 젊은 사업가풍의 남자를 쳐다봤다. 주위에서 춤추던 다른 커플들도 일제히 움직임을 멈추고 황태자와 사업가를 주시했다.

에드워드가 노골적으로 불쾌한 감정을 드러내며 물었다.

"당신은 누구요?"

남자가 고개를 정중하게 숙였다.

"예전에 한 번 인사드린 적이 있는데 기억을 못하시는군요. 저는 사업가 심프슨이라고 합니다."

"심프슨 씨, 지나칠 정도로 예의가 없으시군요."

"무슨 말씀이신지?"

"나와 베시 양은 아직 춤을 끝내지도 못했소. 춤을 끝내기도 전에 파트너를 가로채는 것이 신사로서 할 짓이라고 생각하시오?"

"으음……."

신음을 흘리던 심프슨이 낮지만 또렷하게 말했다.

"저도 전하께 한 가지 여쭙겠습니다. 많은 사람이 지켜보는 앞에서 남의 아내에게 키스하는 것은 신사의 도리라고 생각하십니까?"

에드워드가 목소리를 높였다.

"지금 누구보고 남의 아내란 거요?"

심프슨이 더 이상 망설이지 않고 손가락을 들어 베시를 가리켰다.

"여기 있는 베시 월리스 워필드 심프슨이 바로 제 아내란 말입니다!"

"뭐, 뭐라고?!"

에드워드가 눈을 부릅뜨고 베시의 얼굴을 돌아보았다. 베시의 창백한 얼굴은 심프슨의 말이 진실임을 알려주고 있었다. 에드워드의 눈에 충격과 분노와 슬픔의 감정이 차례로 떠올랐다. 파티장을 가득 메운 사람들이 이 충격적인 장면을 바라보며 나직이 수군거렸다.

"황태자님께서 유부녀를 좋아했던 거야?"

"맙소사! 영국왕실에 먹칠을 하는 대사건이로군."

"저 요부가 황태자님을 유혹했던 것이겠지."

에드워드는 부들부들 떨며 모욕과 분노를 억지로 참아내고 있었다. 베시의 손을 잡고 있던 에드워드의 손이 그녀에게서 천천히 떨어졌다. 베시가 눈물을 글썽이며 애원조로 말했다.

"에드워드, 내 말을 들어봐요."

"됐어!"

"에드워드……."

"나는 가겠어."

호기심어린 눈으로 바라보는 사람들을 뚫고 에드워드가 파티장을 빠져나갔다.

"전하, 같이 가요!"

리사가 후다닥 그를 쫓아갔다.

차를 타고 궁으로 향하는 동안 에드워드는 입을 굳게 다물고 단 한 마디도 하지 않았다. 그의 표정이 꼭 지옥에서 막 탈출한 사람 같다고 리사는 생각했다.

쾅! 쾅! 쾅!
"전하! 전하! 문 좀 열어봐요! 아무리 속이 상해도 식사는 하셔야죠!"
리사가 방문을 거칠게 두드렸지만 안쪽에선 아무런 반응도 없었다. 리사가 고개를 절레절레 흔들며 수프와 우유가 담긴 은쟁반을 받쳐 들고 서 있는 시종장을 돌아보았다. 시종장이 내일이면 세상이 끝난다는 소식을 들은 사람처럼 한숨을 길게 몰아쉬었다.
"후우우…… 벌써 사흘째가 아니냐? 전하께선 언제까지 저러시려는지, 원!"
"그러게나 말이에요."
덩달아 한숨을 쉬는 리사를 향해 시종장이 도끼눈을 떴다.
"이게 다 리사 너 때문이야!"
"왜, 왜 또요? 시종장님은 툭하면 제 탓을 하시더라!"
리사가 펄쩍 뛰었지만 시종장은 콧방귀를 뀌었다.
"흥! 네가 전하를 꼬여 그 베시인지 여시인지한테 모셔간 것을 모를 줄 아느냐?"
"그게 아니고요……."
변명을 하려다가 리사는 포기하고 어깨를 축 늘어뜨렸다. 생각해 보면 시종장의 말이 아주 틀린 것도 아니었다.

"맞아요. 모든 게 다 나의 잘못이에요."

쿵! 쿵! 쿵!

리사가 주먹으로 제 머리를 쥐어박고 있을 때, 젊은 시종 한 명이 헐레벌떡 달려왔다.

"시종장님, 큰일 났습니다!"

"또 무슨 큰일?"

"왕비님께서 황태자 전하를 급히 찾고 계십니다."

"뭐라고? 설마 사흘 전 파티에 대한 소문을 들으신 것은 아니겠지?"

"그게 실은 오후에 다녀간 에버튼 공작부인이 입방정을 떠는 바람에……."

"뭐라고? 왕실 최고의 수다쟁이인 에버튼 공작부인께서 다녀가셨다고? 그럼 소문을 들으신 게 틀림없구나."

이마를 짚고 비틀거리는 시종장을 리사가 부축했다.

"시종장님, 정신 차리세요. 호랑이한테 물려가도 정신만 바짝 차리면 된다고 했거든요."

"시끄럽다! 나한테는 리사 네가 호랑이야! 꼴도 보기 싫으니 썩 네 방으로 돌아가!"

"저기……"

시종이 매우 곤란한 표정으로 리사를 가리켰다.

"왕비님께서 리사 저 아이도 함께 데려오라고 하셨는데요."

"……!"

"콜록, 콜록!"

에드워드의 아버지 조지 5세는 병색이 완연한 얼굴로 침실에 누워 있었다. 남편에 비해 정정한 메리 왕비가 시녀들과 함께 남편을 직접 간호하는 중이었다. 에드워드와 리사는 잔뜩 긴장한 채 침실 입구에 나란히 서 있었다.

"여보, 수프를 좀 드시겠어요? 아니면 물을 드릴까요?"

"저런, 많이 불편하죠. 일단 가래를 좀 뱉어내도록 해봐요."

메리 왕비는 정성을 다해 남편을 돌봤지만 아들에게는 눈길조차 주지 않았다. 얼마의 시간이 흘렀을까? 조지 5세가 잠든 이후에야 왕비가 에드워드와 리사를 향해 돌아섰다. 냉담한 그녀의 얼굴을 보고 리사는 절로 목을 움츠렸다.

"에드워드."

"네, 어머니."

"오늘 오후에 에버튼 공작부인이 다녀갔다. 그녀가 요즘 런던 시내를 떠들썩하게 만들고 있다는 해괴한 소문을 들려주더구나."

"……."

"대영제국의 황태자가 유부녀한테 빠져서 망신을 당했다고 말이야."

"죄송합니다, 어머니."

고개를 숙이는 에드워드를 향해 메리 왕비가 떨리는 소리로 말했다.

"지금 죄송하다는 말이 나오느냐? 네 아버지는 깊은 병환 중에 계시다. 그런데 네가 아버지를 대신해 왕실의 위엄을 지키지는 못할망정, 오히려 먹칠을 해? 네가 그러고도 왕관을 물려받을 자격이 있다고 믿는 것이냐?"

"입이 열 개라도 할 말이 없습니다."

"모자란 놈!"

아들을 바라보는 왕비의 눈초리가 얼마나 서늘한지 리사는 무릎이 덜덜 떨렸다. 왕비의 차가운 눈동자가 자신에게로 쏠리자 리사는 저도 모르게 비명을 삼켰다.

"허억!"

"네 이름이 무엇이냐?"

"네, 네?"

"이름! 너는 네 이름도 모른단 말이냐?"

"리, 리사라고 합니다!"

"좋아, 리사. 너는 어느 가문 출신이냐?"

"네?"

"너는 에드워드의 친구라며? 영국 황태자의 친구라면 적어도 귀족 가문 출신일 거 아니냐?"

"그게 저어……."

할 말이 없어 우물쭈물하는 리사를 대신해 에드워드가 말했다.

"리사는 평민입니다."

"평민 아이를 친구랍시고 데리고 다닌다고?"

"리사는 착한 아이입니다."

"시끄럽다! 저 아이를 계속 궁에 두고 싶다면 시녀로 삼든지 아니면 당장 내보내도록 해라!"

"알겠습니다."

메리 왕비의 눈이 매섭게 빛났다.

"마지막으로 한 마디만 하겠다. 다시 한 번 그 유부녀로 인해 이상한 소문이 돈다면 너는 결코 대영제국의 왕좌를 물려받을 수 없을 것이다. 어미의 말을 결코 허투루 듣지 말거라."

"명심하겠습니다."

"후우우~ 전하의 어머니는 정말 무서운 분이셨군요. 왕비께서 째려보실 때, 난 정말이지 숨이 턱 막히는 줄 알았다구요."

에드워드와 나란히 복도를 걸어오며 리사가 연신 가슴을 쓸어내렸다.

"……."

입을 굳게 다물고 있는 에드워드를 돌아보며 리사가 위로했다.

"이젠 잊어버려요."

"그래, 그래야겠지."

"우리 내일 시내구경이나 나갈까요? 새로 오픈한 주얼리 숍에 가보는 건 어때요?"

"!"

순간 에드워드가 우뚝 멈춰 섰다. 무슨 일인가 하고 돌아보던 리사는 깜짝 놀라고 말았다.

"에드워드, 설마 울고 있는 거예요?"

"리사, 나 숨이 막혀서 미칠 거 같아. 마지막으로 베시를 한 번 더 만나지 못한다면 심장이 터져서 죽고 말 거야."

주먹으로 가슴을 쿵쿵, 두드리며 울먹이는 에드워드를 보며 리사가 한숨을 길게 몰아쉬었다.

"맙소사, 에드워드! 대체 어쩌려고 이래요?"

며칠 후, 리사는 몰래 궁을 빠져나와 런던 시내로 향했다. 화창한 늦봄의 오전인지라 행인들의 발걸음은 경쾌했지만 리사는 고개를 푹 숙인 채 종종걸음을 쳤다. 그녀는 에드워드의 심장을 구하기 위해 어렵게 수소문한 심프슨 부인의 집으로 향하는 길이었다.

쿵! 쿵! 쿵!

커다란 저택의 대문을 두드리자, 젊은 여자가 배꼼이 얼굴을 내밀었다.

"무슨 일이니?"

"여기가 심프슨 씨 댁 맞죠?"

"맞긴 맞는데……."

리사가 목소리를 낮추었다.

"혹시 심프슨 부인 댁에 계세요?"

"계시긴 하는데……."

"부인께 리사가 만나고 싶어 한다고 전해주세요. 어서요."

"으음…… 잠시만 기다리렴."

망설이던 하녀가 문을 닫고 사라졌다.

잠시 후, 리사는 하녀의 안내를 받으며 방으로 들어갔다. 고급스런 가구들로 채워진 방안의 테이블에 베시가 우두커니 앉아 있었다.

"쳇!"

베시의 얼굴을 보자마자 리사는 눈살부터 찌푸렸다. 그러잖아도 유부녀란 사실을 숨긴 베시한테 화가 나 있는 리사였다. 그런데 그 날의 사건 이후 심적 고통 때문에 비쩍 마른 에드워드에 비해 너무도 멀쩡한 베시의 얼굴을 확인하자 화기 치밀었던 것이다. 리사가 테이블 앞으로 다가가 베시를 째려보았다. 베시가 맞은편 자리를 가리키며 어색하게 웃었다.

"리사, 앉으렴."

"흥!"

리사가 콧방귀를 날리며 털썩 앉았다. 뿌루퉁해져 있는 리사의 얼굴을 응시하던 베시가 나직이 물었다.

"에드워드는…… 잘 지내고 있어?"

리사의 눈꼬리가 다시 올라갔다.

"베시는 참 양심도 없구나?"

"……!"

"베시가 유부녀란 사실을 속이는 바람에 에드워드는 런던 사교계의 웃음거리로 전락했어. 그런데 잘 지내느냐고?"

"리사가 화 낼만도 해. 모든 게 나의 잘못이야. 하지만 나도 할 말이 있어."

"변명 따윈 듣고 싶지 않아."

"으음……."

리사가 입술을 질끈 깨물었다.

"그런데…… 그런데……, 저 바보 같은 전하는 마지막으로 한 번 더 베시를 꼭 만나봐야겠대."

"언제? 어디서? 나도 당장 그를 만나고 싶어!"

자리를 박차고 일어서는 베시를 리사가 다시 째려보았다.

"이런!"

5
아드리드해에서의 뜻밖의 만남

그로부터 며칠 후 리사는 에드워드가 직접 모는 자동차를 타고 런던 교외의 한 성당으로 향하고 있었다.

끼익!

인적이 드문 성당 앞에 차가 정지했다. 리사가 먼저 내려서 지켜보는 사람이 없는지 살펴본 후에 운전석의 문을 열어주었다.

"아무도 없어요, 전하. 내리셔도 좋아요."

"고마워."

차에서 내리는 에드워드의 얼굴은 이미 발갛게 상기되어 있었다. 리사가 그런 에드워드의 얼굴을 보며 다짐을 받았다.

"제가 전하를 도와주는 건 베시와 다시 만나라는 뜻이 아니에요. 이대로 헤어지면 전하의 마음이 너무 아플 것 같아서 마지막으로 작별의 인사라도 나누라는 거예요. 내 말 무슨 뜻인지 아시겠죠?"

"알았으니까 걱정하지 마."

에드워드가 리사의 머리를 장난스럽게 헝클어뜨린 후, 성당 안으로 들어갔다. 리사도 다시 한 번 주위를 둘러본 다음 따라 들어갔다.

텅 빈 성당의 십자가 앞에 베시는 무릎을 꿇고 앉아 있었다. 에드워드는 짐짓 냉정한 눈으로 양손을 모으고 간절히 기도하고 있는 베시의 뒷모습을 바라보았다.

뚜벅…… 뚜벅……!

에드워드가 구둣발 소리를 울리며 베시를 향해 다가갔다. 그가 바로 옆으로 다가섰지만 베시는 감은 눈을 뜨려고 하지 않았다. 그녀의 옆얼굴을 뚫어져라 쏘아보던 에드워드가 살짝 갈라지는 소리로 말했다.

"심프슨 부인, 저를 만나고 싶어 하셨다고요?"

"!"

눈을 감은 상태에서 베시가 움찔했다. 여전히 눈을 뜨지 않은 채 그녀가 착 가라앉은 소리로 입을 열었다.

"네, 저는 심프슨 부인이 맞습니다, 그리고 과거에는 스펜서 부인이라 불렸지요."

"그, 그럼 결혼을 두 번이나 했었다는?!"

새로 알게 된 충격적인 사실에 에드워드가 아연실색했다. 베시가

아드리드해에서의 뜻밖의 만남

여전히 눈을 뜨지 않은 채 말을 이었다.

"말씀드린대로 저는 철없던 시절에 해군 조종사 스펜서와 첫 번째 결혼식을 올렸어요. 그는 늘 쾌활하고 착한 사람처럼 보였거든요. 그런데 술만 마시면 사람이 돌변했어요. 연약한 저를 때리고 욕을 퍼붓곤 했죠."

"으음……."

"저는 어떻게든 그와의 결혼생활을 이어가보려고 노력했어요. 하지만 그의 폭력은 날이 갈수록 심해졌고, 어느 날인가 저는 너무 심하게 폭행당해 거의 목숨을 잃을 뻔했어요."

"저, 저런 나쁜 놈!"

에드워드가 참지 못하고 분통을 터뜨렸다.

"결국 저는 스펜서와 이혼할 수밖에 없었어요. 이혼한 후 저는 매우 어려운 생활을 했어요. 나이 어린 이혼녀에게 런던은 너무 가혹한 도시였죠. 그즈음 지금의 남편인 심프슨을 만났어요. 심프슨은 다정다감한 사람이었어요. 그는 상처 입은 나를 위로해주고, 따뜻하게 감싸주었어요. 나는 그걸 사랑이라고 믿었고, 결국 심프슨과 결혼했어요. 하지만……."

베시의 표정이 서글프게 변했다.

"사랑이라고 생각했던 감정은 사랑이 아니었어요. 당시 나는 너무 힘들었고, 그래서 심프슨의 친절을 사랑이라고 착각해 버린 거예요. 결혼 후 시간이 흐르면서 나는 나의 잘못을 깨달았어요. 그래서 심프슨에게 솔직하게 고백하고, 이혼을 요구했어요. 하지만 심프슨이 조금만 더 신중하게 결정하자며 이혼을 미뤄 지금까지 오게 된 거예요. 하지만 우린 이미 부부 사이가 아니었어요."

"으음……."

에드워드가 신음을 흘리며 베시의 얼굴을 뚫어져라 응시했다. 베시도 어느새 눈을 뜨고 에드워드의 눈을 보고 있었다. 두 사람 사이에 꽤 오랜 시간 동안 깊은 침묵이 흘렀다. 에드워드가 착 가라앉은 소리로 물었다.

"그럼 왜 진작 유부녀라고 고백하지 않았지?"

"그건……."

에드워드의 눈빛이 다시 험악해졌다.

"역시 나를 속이려고 했군!"

"그런 게 아니에요!"

"그럼 대체 왜 그랬어?"

"처음에는 우리가 이렇게까지 가까워질 줄 몰랐어요. 그리고 그 다음에는……."

"……."

"무서웠어요."

"무서웠다고? 누가? 내가?"

"전하가 점점 좋아지면서 만약 내가 유부녀라는 사실을 알면 당신이 날 떠날까봐 너무 무서워서 차마 말할 수가 없었어요."

"으음……."

솔직한 감정을 고백하며 눈물을 흘리는 베시를 보며 에드워드가 신음을 흘렸다. 베시는 언제나 씩씩하게 강한 모습만을 보여줬다. 그리고 에드워드도 그런 그녀의 모습을 사랑했다. 하지만 진심으로 사랑하는 사람에게 버림받을까 봐 두려움에 떨고 있는 연약한 모습은 에드워드에게 또 다른 매력으로 다가왔다.

"베시 실은 나도……."

가늘게 팔을 떨며 망설이던 에드워드가 간신히 손을 거두며 깊은 숨을 토해냈다.

"후우우……."

에드워드가 애절한 베시의 얼굴을 쏘아보며 억지로 내뱉었다.

"당신의 사정은 잘 알겠어. 하지만 우린 어차피 이루어질 수 없는 사이야. 이쯤에서 서로에 대한 감정을 정리하는 게 좋을 거 같아."

"……."

멍하니 굳어 있는 베시를 뒤로하고 에드워드가 차갑게 돌아섰다. 리사가 안타까운 눈으로 베시를 돌아보며 에드워드를 따라갔다.

궁으로 돌아가는 차안에서 에드워드는 어둠이 무겁게 내려앉고 있는 런던 도심을 무심히 내다보고 있었다. 그의 눈은 깊고 어두워보였다. 그의 옆얼굴을 힐끔거리던 리사가 위로하듯 말했다.

"너무 속상해하지 말아요. 베시와는 인연이 아니었다고 생각해요."

"……."

에드워드는 대답하지 않았다. 밤보다 더 깊은 어둠이 쌓여가고 있는 그의 눈을 보며 리사도 마음이 아팠다.

여름이 지나고, 가을이 지나고, 겨울이 올 때까지 에드워드는 베시를 잊고 지냈다. 그녀에 대한 소식은 전혀 들려오지 않았다. 리사는 차라리 다행이라고 생각했다. 좋아했던 사람을 잊기 위해선 그 사람에 대해 보지 않고, 듣지 않는 게 최선이라고 생각했기 때문이다. 다만 에드워드가 버킹검궁에 틀어박혀 외출을 삼가고, 지나치게 말수가 줄어든 게 걱정이라면 걱정이었다.

그날도 에드워드는 자신의 방에서 두꺼운 책을 펼쳐 읽고 있었다. 메리 왕비의 명령에 따라 시녀가 된 리사가 에이프런을 두르고 에드워드 옆에 앉아 겨울 하늘을 멍하니 보고 있었다. 리사가 입이 찢어져라 하품하며 투덜거렸다.

"으하암~ 심심해라. 뭐 좀 재미있는 일이 없나?"

"……."

그러거나 말거나 에드워드는 책에 시선을 고정시킨 채였다. 리사가 막 에드워드에게 시내로 나가자고 조르려는 순간, 방문을 열어젖히고 시종장이 들어왔다.

벌컥!

"황태자 전하!"

"으악!"

리사가 비명을 지르며 벌떡 일어섰다. 에드워드의 방에서 농땡이를 부리다 들켰으니 또 불호령이 떨어질 게 뻔했기 때문이다. 하지만 시종장은 리사 따윈 깨끗이 무시하고 창백한 얼굴로 에드워드에게 다가왔다.

"전하!"

"피터, 무슨 일이야?"

"국왕전하께옵서…… 흐흑."

에드워드가 책을 내려놓고 천천히 일어섰다.

"아버지께서 설마……?"

"방금 서거하셨다고 하옵니다! 으흐흐흑."

시종장이 바닥에 무릎을 꿇으며 눈물을 터뜨리자 에드워드가 충격을 이기지 못하고 휘청거렸다.

"이, 이럴 수가……."

"에드워드, 제발 진정해요."

에드워드를 부축하는 리사의 눈에도 물기가 맺혔다.

조지 5세의 장례식은 모든 영국인들의 애도 속에 엄숙하게 거행되었다. 장례식이 진행되는 동안 에드워드는 황태자로서 예식을 주관하고, 수많은 외국 국빈들을 영접하고, 시름에 잠긴 어머니 메리 왕비를 위로하느라 눈 코 뜰 새가 없었다. 잠시라도 짬이 날라치면 그는 인적이 드문 곳에 멍하니 서서 겨울 하늘을 올려나보곤 했다. 그럴 때면 에드워드의 모습은 겨울 벌판에 홀로 버려진 사람처럼 쓸쓸해 보였다.

"이럴 때 베시라도 곁에 있으면 좋으련만……."

혼잣말로 중얼거리다가 리사는 고개를 휙휙 가로저었다. 어떤 식으로든 베시와 다시 엮이면 에드워드에게 좋을 게 없다고 생각했기 때문이다.

뎅—— 뎅—— 뎅—— 뎅——!

아침부터 첫눈이 소담스럽게 내리는 런던 시내에 모든 성당에서 종소리가 울려 퍼지고 있었다. 에드워드는 버킹검궁의 창가에 서서 눈이 내리는 런던 시내를 바라보고 있었다. 그는 훈장이 주렁주렁 달린 제복에 붉은 망토를 두른 근사한 모습이었다. 바로 옆에 서 있던 리사가 그를 보며 빙긋 미소 지었다.

"전하, 준비는 끝나셨어요?"

"응! 그런 거 같아."

"혹시 겁이 나세요?"

"아니, 생각보단 무덤덤해."

"다행이네요."

"그러게."

이때 문이 열리며 황태자보다 더 긴장한 시종장이 들어왔다.

"전하, 준비가 되셨습니까?"

에드워드와 리사가 나란히 돌아섰다.

"응, 준비됐어."

"그럼 가시죠. 웨스트민스터 대성당에서 영국의 모든 유명한 정치인들과 귀족들이 전하를 눈이 빠지게 기다리고 있습니다."

에드워드가 싱긋 웃으며 돌아보자 리사가 고개를 끄덕였다.

"우리 갈까?"

"넵!"

눈이 내리고 있음에도 연도에는 수많은 시민들이 나와 영국 국기를 흔들고 있었다. 에드워드가 차창을 열고 시민들을 향해 손을 흔들어주었다.

"저기 영국의 새로운 국왕께서 가신다!"

"전하께 신의 가호가 함께 하길 빌겠어요!"

에드워드를 발견한 시민들이 환호성을 질렀다. 에드워드가 그런 시민들에게 웃음으로 화답했다.

웅장한 대성당에 파이프오르간 소리가 은은하게 울려 퍼지고 있었다. 마치 천상에서 들려오는 듯 신성한 느낌을 주는 소리였다. 영국에 내놓으라 하는 유명 인사들로 꽉 들어찬 성당 안으로 에드워드가 망토를 끌며 천천히 걸어 들어왔다.

펑! 펑! 펑! 펑!

벽 쪽에 몰려 서 있던 기자들이 연달아 카메라 플래시를 터뜨렸다. 리사도 기자들 틈에 끼어 에드워드가 대주교 앞에 한쪽 무릎을 꿇는 것을 지켜보고 있었다.

"신이여, 우리 영국의 새로운 국왕이신 에드워드 8세에게 축복을 내려주옵소서."

대주교가 기도문을 외우며 에드워드의 머리에 왕관을 씌워주는 순간, 하객들이 일제히 자리를 박차고 일어나 양팔을 들었다.

"와아아!"

"영국 만세!"

"에드워드 8세 만만세!"

국왕이 된 에드워드의 생활에는 큰 변화가 없었다. 에드워드는 여전히 버킹검궁에서 살았다. 다만 국왕으로서의 의무가 늘어나 조금 더 바빠졌을 뿐이다. 하루 일과가 끝나면 에드워드는 두꺼운 책을 들고 침실로 들어갔다. 그 흔한 궁중 파티 한 번 열지 않았다. 오죽하면 시종장 피터까지 잔소리를 늘어놓을 정도였다.

"전하, 휴일에는 외출도 하시고 손님들도 초대하고 하십시오. 전하께서 사람들을 피한다는 소문까지 돌고 있습니다."

"그런 거 별로 관심 없어. 쉬는 날에는 이렇게 책을 읽는 게 제일 편하다고."

아드리드해에서의 뜻밖의 만남

자신들에겐 눈길조차 주지 않고 책장을 넘기는 에드워드를 리사와 시종장이 걱정스럽게 쳐다보았다.

지긋지긋했던 추위가 물러가고 봄이 시작될 무렵, 마침 에드워드에게 휴식을 줄 수 있는 좋은 기회가 찾아왔다. 에드워드가 영국 국왕으로서 공식적으로 아드리드해 연안국가인 이탈리아와 세르비아를 방문하게 되었던 것이다. 아드리드해는 세계적으로 유명한 휴양지로 에드워드가 이번 기회에 아예 며칠 휴가를 즐길 수 있도록 시종장이 계획해 놓았다. 이 이야기를 듣고 떨떠름한 표정을 짓고 있던 에드워드가 마지못해 고개를 끄덕였다.

"좋아. 리사도 심심해하니 잠시 머리라도 식히고 오자."

"꺄아! 정말 고마워요!"

리사가 껑충껑충 뛰며 물개박수를 쳤다.

이탈리아와 세르비아 공식 방문을 마친 영국 황실의 거대 여객선이 아드리드해의 유명한 항구도시 바리에 정박했다.

"끙끙! 이게 무슨 휴가야? 여기서도 결국 시녀 신세잖아."

아직 칼바람이 쌩쌩 불고 있는 런던과는 달리 초여름 바람이 불고 있는 이탈리아의 항구도시 바리에서 짐을 잔뜩 짊어지고 내리며 리사는 툴툴거렸다.

"지금 불평하는 거냐?"

시종장이 등 뒤로 다가와 묻자 리사는 화들짝 놀랐다.

"부, 불평이라뇨? 제가 언제요?"

"불만이 있으면 언제든 얘기해라. 즉시 영국으로 돌려보내 줄 테니."

"시종장님은 왜 저만 미워하세요. 시종장님, 미워요."

"나도 네가 밉다. 매일 값 비싼 접시만 골라 깨뜨리고, 하라는 청소는 안 하고 푸념만 늘어놓는 너를 어떻게 예뻐할 수 있겠니?"

"알았어요! 이제부터 잘하면 되잖아요!"

리사가 피터를 뒤로하고 씩씩하게 걸음을 옮겼다. 하지만 몇 걸음 가지도 못하고 앞으로 고꾸라지면서 짐가방을 떨어뜨리고 말았다.

우장창!

"으악! 그거 고급 차 세트가 들어 있는 가방이란 말이다!"

리사의 뒤통수에 시종장의 성난 고함소리가 날아들었다.

"후우우~ 경치 한 번 끝내주네."

푸른 바다와 하얀 모래사장이 내려다보이는 최고급 호텔의 펜트하우스 테라스에 서서 리사는 양팔을 활짝 벌렸다. 지중해의 눈부신 햇살과 시원한 바람을 맞으며 리사는 어쩔 수 없이 자신이 얼마 전에 떠나온 스페인 해변을 떠올렸다.

'선재는 지금쯤 뭘 하고 있을까? 설마 벌써 비행기를 타고 한국으로 떠나 버린 것은 아니겠지?'

선재를 떠올리자 리사의 표정이 우울하게 변했다.

툭툭!

누군가 뒤쪽에서 리사의 등을 손가락으로 두드린 것은 그때였다.

"에드워드!"

빙글 돌아서는 리사 앞에 에드워드가 흰색 반바지와 하늘색 폴로 셔츠를 입고 환하게 웃으며 서 있었다. 이렇게 스포티한 복장을 하고 있으니 젊은 국왕에게선 오랜만에 싱싱한 매력이 풍겼다.

"지금 요트 타러 나갈 건데, 함께 가지 않을래?"

"좋아요! 당장 가요!"

에드워드를 따라나서려다가 리사가 멈칫했다.

"아참! 시종장님이 짐 정리를 확실히 끝내놓으라고 하셨는데요."

"피터는 방금 전에 해산물을 고른다며 시장으로 가던 걸."

"그거 잘 됐군요!"

"이제 안심하고 가볼까?"

"좋아요!"

"와! 진짜 시원하다!"

리사는 에드워드가 직접 조종하는 요트를 타고 코발트빛 아드리드 해를 가르며 항해 중이었다. 바람을 팽팽하게 머금은 흰 돛이 달린 요트였다. 배의 선두에 서서 저 멀리 바다와 하늘이 맞닿은 수평선을 바라보며 리사가 환호성을 질렀다.

"야호--!"

가슴이 뻥 뚫리는 기분이었다. 에드워드가 조종간을 잡은 채 리사를 향해 소리쳤다.

"리사, 앞쪽으로 몸을 너무 기울이지 마. 그러다 물에 빠져도 안 구해준다."

리사가 코웃음을 치며 돌아보았다.

"헹! 이래봬도 균형감각 하나는 자신…… 어엇!"

측면에서 강풍을 얻어맞은 요트가 출렁했다. 동시에 좁은 난간에 발을 걸치고 있던 리사도 휘청거렸다.

"어어……."

두 팔을 휘저으며 쓰러지지 않으려고 용을 쓰는 리사를 향해 에드워드가 다급히 외쳤다.

"리사, 조심해!"

"꺄악!"

풍더엉--!

리사는 기어이 요트 옆으로 튕겨나가 바다에 빠지고 말았다.

"리사!"

에드워드는 급히 요트를 세우려고 했다. 하지만 바람에 부푼 돛 때문에 뜻대로 되지 않았다. 요트는 리사가 추락한 지점을 한참이나 지나쳐 가까스로 멈추었다.

"젠장, 너무 늦어 버린 건 아닌지 모르겠군!"

풍덩!

요트가 멈추자마자 에드워드는 즉시 바다를 향해 몸을 던졌다. 그가 깊은 바닷속으로 헤엄쳐 들어갔다. 수영을 하며 주위를 둘러보았지만 리사의 모습은 보이지 않았다. 추락 지점을 한참이나 지나쳤기 때문에 리사가 정확히 어디에 빠졌는지 가늠할 수가 없었다.

'수면 위로 떠오르지 않는 것으로 보아 떨어질 때의 충격으로 정신을 잃은 모양이야. 빨리 찾지 않으면 목숨을 잃을 수도 있겠어.'

에드워드는 리사가 빠졌다고 생각되는 지점을 향해 무작정 헤엄치기 시작했다. 영국 해군에서 근무했던 그의 수영 실력은 빼어났다. 에드워드가 한 마리 물개처럼 물살을 가르며 리사를 찾아다녔다.

'저런 곳에 있었군!'

마침내 그의 눈에 리사의 모습이 들어왔다. 예상했던 대로 리사는 정신을 잃고 수면 아래로 서서히 가라앉고 있었다. 에드워드가 그녀를 향해 똑바로 잠수했다.

콰악!

'리사!'

그가 마침내 리사의 팔을 붙잡았다.

'리사! 리사! 정신 차려!"

에드워드가 팔을 거칠게 흔들었지만 리사는 깨어나지 못했다.

찰싹! 찰싹!

'으응······.'

에드워드가 사정없이 뺨을 때리자 간신히 눈을 떴다. 정신을 차리자마자 숨이 막힌 리사가 버둥거렸다. 에드워드가 리사의 허리를 끌어안고 서둘러 수면으로 향했다.

"푸후웁!"

두 사람이 동시에 물 밖으로 얼굴을 내밀었다. 리사가 숨을 헐떡이며 주위를 둘러보았다.

"저, 전하! 우리 요트는 어디에 있어요?"

"……."

"에드워드?"

핏기 한 점 없는 얼굴로 헐떡이는 에드워드의 모습을 발견하고 리사는 깜짝 놀랐다.

"에드워드, 왜 그래요?"

"리사를 찾느라고 너무 무리하게 잠수했던 모양이야. 더 이상 수영을 할 수가……."

꼬로록.

수면 아래로 가라앉으려는 에드워드를 와락 안으며 리사가 절박하게 외쳤다.

"요트는? 우리 요트는 대체 어디에 있어요?"

"급하게 내리느라 돛을 완전히 접지 못했어. 그 바람에 요트가 멀리 쓸려가 버린 모양이야."

"그, 그럼 우린 어떻게 되는 거죠?"

"미안, 리사……."

힘없이 미소 짓는 에드워드를 보며 리사는 절망에 빠졌다. 리사가

아드리드해에서의 뜻밖의 만남 113

하늘을 향해 고래고래 소리를 질렀다.

"안 돼! 이렇게 죽을 수는 없어! 여기 아무도 없어요? 누구든 제발 좀 구해주세요!"

"소용없어, 리사. 이런 망망대해에서 네 목소리를 듣는 사람이 있다면 그건 신 혹은 악마일 거야."

신도 아니고 악마도 아닌 사람의 목소리가 들려온 것은 바로 그때였다.

"내가 던져주는 구명튜브를 잡아요!"

에드워드와 리사가 휘둥그레진 눈으로 뒤를 돌아보았다. 매우 작은 요트에서 파란색 수영복을 입은 아가씨가 자신들을 향해 밧줄에 묶인 튜브를 던지려고 하는 게 보였다. 아가씨의 얼굴을 알아본 에드워드와 리사가 소리를 질렀다.

"베시!"

"어떻게 여기 와 있는 거야?"

첨벙!

베시가 던진 튜브가 에드워드와 리사 앞에 정확하게 떨어졌다. 두 사람이 허겁지겁 튜브에 매달리며 환호했다.

"하느님, 감사합니다!"

"우린 이제 살았어!"

"베시, 어떻게 알고 우릴 구하러 와준 거야?"

노을이 질 무렵, 베시의 요트를 타고 항구로 돌아온 에드워드가 눈을 동그랗게 뜨고 물었다. 베시가 쑥스러운 듯 웃으며 대답했다.

"신문에서 에드워드가 아드리드해 연안 국가들을 방문한 후에 바리에서 휴가를 보낼 거란 기사를 읽고 무작정 쫓아왔어요."

"그럼 우리가 요트를 타고 나가는 걸 지켜보고 있었던 거야?"

황당한 표정을 짓는 리사를 향해 베시가 고개를 끄덕였다.

"응! 두 사람이 나가자마자 나도 요트를 빌려 쫓아갔지."

"대체 왜?"

"……."

선뜻 대답하지 못하고 머뭇거리던 베시가 에드워드를 똑바로 쳐다봤다.

"그야 에드워드를 잊을 수 없었으니까. 이렇게라도 얼굴을 보고 싶었으니까."

"베시……."

에드워드의 눈동자가 심하게 흔들렸다. 그가 가까스로 입술을 깨물며 말했다.

"베시, 구해준 건 고맙지만 이건 아닌 거 같아. 만약 내가 다시 유부녀를 만나고 있다는 사실이 알려지면 영국 전체가 발칵 뒤집힐 거야."

"나 실은 이혼했어요."

"뭐?"

흠칫 놀라는 에드워드를 향해 베시가 빠르게 말했다.

"심프슨에게 에드워드에 대한 나의 솔직한 감정을 얘기했어요. 결국 그도 날 이해해주기로 했죠."

"아……."

에드워드의 얼굴에 기뻐하는 기색이 역력했다. 하지만 그는 곧 다시 시무룩해졌다.

"영국 국왕은 이혼녀와 결혼할 수 없다고 법으로 정해져 있어."

"그, 그런……."

당황하던 베시가 애써 씩씩하게 말했다.

"그럼 우리 어디 가서 저녁이라도 먹어요. 마지막으로 와인이라도 한 잔 마시며 근사하게 이별식을 치르자고요."

"이별식이라고?"

눈을 크게 뜨는 에드워드를 향해 베시가 고개를 끄덕였다.

"우리가 이별식도 하지 않고 헤어질 사이는 아니잖아요?"

잠시 망설이던 에드워드가 동의했다.

"맞아, 우리가 그런 사이는 아니지."

6
인정받지 못한 사랑

에드워드보다 사흘 앞서 바리에 도착한 베시는 벌써 단골집이 생겼다고 했다. 베시가 언제나처럼 씩씩하게 에드워드와 리사를 인도했다. 그녀가 두 사람을 데려간 곳은 해안가의 깎아지는 듯한 절벽에 자리 잡은 허름한 레스토랑이었다.

"어때요? 근사하죠?"

베시가 바람만 훅 불어도 수평선 너머까지 날아가 버릴 듯한 레스토랑을 가리키자 에드워드와 리사는 당황하지 않을 수 없었다.

"무슨 레스토랑이 이래?"

"전하께서 이런 곳에서 식사를 하실 수 있겠어요?"

전혀 기가 죽지 않은 베시가 레스토랑 문을 밀고 들어갔다.

"일단 나를 믿고 들어가 봐요."

불만 가득한 얼굴로 베시를 따라 들어가던 에드워드와 리사의 입에서 절로 탄성이 새어나왔다.

"오오!"

레스토랑 내부도 바깥만큼이나 허름했다. 한 가지 특이한 점은 활짝 열린 사방의 창을 통해 노을이 넉넉하게 비추고 있다는 정도였다. 그 진한 선홍빛은 마치 마법의 가루처럼 허름한 레스토랑 내부를 낭만적인 공간으로 탈바꿈시켜놓고 있었다.

한동안 멍하니 서서 노을에 물든 바다와 저 멀리 어두워지기 시작하는 수평선을 바라보는 에드워드와 리사를 돌아보며 베시가 빙긋 웃었다.

"이곳이 바로 아드리드해에서 노을이 가장 예쁜 집이에요. 어때요, 근사하죠?"

"으응! 너무 마음에 들어!"

이번만은 에드워드뿐 아니라 리사까지도 열렬히 고개를 끄덕일 수밖에 없었다.

베시의 안내에 따라 에드워드와 리사가 전망 좋은 창가 자리에 앉았다. 얼굴을 붉게 물들인 채 멀리서부터 차츰 밤의 영역에 편입되는 바다를 보고 있는데, 배가 불룩 나온 주인이 다가왔다.

"무얼 드시겠소?"

"메뉴판부터 주시오."

"뭘…… 달라고?"

눈을 치켜뜨는 주인을 향해 에드워드가 어색하게 웃었다.

"메뉴판 말이오."

"우리 집은 그런 거 없소."

"무슨 식당에 메뉴판도 없소?"

당황하는 에드워드를 대신해 베시가 주인을 향해 싱긋 웃었다.

"화덕에 구운 피자와 해물 파스타 그리고 와인 한 병 가져다주세요."

"흐음!"

주인이 고개를 끄덕이며 돌아서자, 베시가 목소리를 낮추었다.

"이 집은 구운 피자와 해물 파스타 딱 두 가지 메뉴 밖에 없거든요."

"맛에 꽤 자신이 있는 모양이군."

에드워드가 기분이 살짝 상한 얼굴로 말했다. 하지만 김이 모락모락 피어오르는 피자와 파스타를 한입씩 맛본 순간, 그의 표정이 다시 환해졌다.

"와아! 이거 진짜 맛있다! 리사 너도 먹어봐!"

"나도 이미 먹고 있어요. 진짜 눈물이 날 정도로 맛있는 거 있죠."

접시까지 집어삼킬 기세로 먹어치우는 에드워드와 리사를 흐뭇하게 지켜보던 베시가 잔에 와인을 따랐다.

"이 집의 진짜 별미는 주인 내외가 직접 담근 바로 이 와인이에요. 전하도 한 잔 마셔 봐요."

"우리 건배하자."

"좋아요!"

챙!

에드워드와 베시가 술잔을 가볍게 부딪치곤 단숨에 비웠다. 술잔을 내려놓는 에드워드의 눈이 휘둥그레졌다.

"무슨 와인이 이렇게 맛있지? 마치 혀가 녹아 버리는 거 같아."

"그렇죠? 맛있죠?"

"응, 너무 맛있어. 이렇게 좋은 집을 소개시켜줘서 고마워, 베시."

"헤헤! 마음에 든다니 다행이에요!"

"으음……."

행복하게 웃는 베시의 얼굴을 에드워드가 지그시 바라보았다. 분위기가 또 이상해지려고 하자, 리사가 두 사람을 재촉했다.

"뭘 망설이고 있어요! 어서들 마셔요!"

"그, 그럴까?"

하지만 자신의 이 행동이 에드워드와 베시를 다시 연결시켜주는 결정적 계기가 될 줄은 리사는 꿈에도 몰랐다.

"마셔라!"

"마셔라!"

얼마의 시간이 흘렀을까? 레스토랑의 모든 손님들이 에드워드와 베시의 테이블 주위로 모여들어 주먹을 흔들며 외쳐대고 있었다. 두 사람을 뜯어말리려던 리사도 포기하고 반쯤 풀린 눈으로 서로를 쏘아보는 에드워드와 베시를 지켜보기만 했다. 화기애애한 식사자리가 언제 어떻게 술 대결로 탈바꿈했는지 리사도 정확히 기억나지 않는다. 아마도 베시의 한 마디가 결정적 계기가 되었던 것 같다.

"이 집에 처음 왔을 때 어떤 해군 장교와 우연히 술 대결을 벌였어요. 그 남자는 자신이 이탈리아 최고의 술고래라고 떠벌렸죠. 하지만 나는 단 한 시간 만에 그를 기절시켜 버렸죠. 푸하하하!"

그 말을 들은 에드워드가 베시에게 전격적으로 술 대결을 제안했고, 베시가 기꺼이 받아들이면서 이 소동이 벌어진 것이다. 테이블 위에는 이미 깨끗이 비워버린 와인 병이 열 개도 넘게 세워져 있었다. 그런데도 두 사람은 멈출 생각을 하지 않고 서로의 얼굴을 바라보며 천천히 술잔을 기울이기 시작했다.

"와아아! 또 마신다!"

"잘한다, 베시!"

"기생오라비 같은 녀석을 눕혀 버려!"

손님들이 환호하는 가운데 에드워드와 베시는 고개를 젖히고 마지막 한 방울까지 들이켰다. 거기까지가 에드워드의 한계였다.

쿠웅!

"와아아!"

"베시가 이겼다!"

"최고의 여장부 베시!"

에드워드가 테이블에 얼굴을 처박고 쓰러지자 손님들이 환호성을 질렀다.

"베시, 진짜 술고래였구나?"

리사가 씨익 웃고 있는 베시의 얼굴을 놀란 듯 보았다. 리사가 기절한 에드워드를 일으키려고 했다. 그런데 어찌된 영문인지 에드워드는 꿈쩍도 하지 않았다.

"전하, 일어나세요. 이제 그만 호텔로 돌아가야죠."

에드워드의 어깨를 흔들던 리사가 멈칫했다. 그의 손이 베시의 손을 꼭 잡고 있는 것을 발견했기 때문이다. 에드워드가 테이블에 얼굴을 박은 채 울먹이는 소리로 중얼거렸다.

"베시, 다시는 너의 손을 놓지 않을 거야."

"……!"

리사와 베시가 놀란 눈으로 에드워드의 얼굴을 쳐다보았다.

"어구구, 머리야!"

다음날 해가 중천에 떠올라서야 에드워드는 펜트하우스의 침대 위에서 머리를 감싼 채 깨어났다. 리사가 침대 테이블 위에 물컵을 놓아주며 그를 흘겨보았다.

"그러게 웬 술을 그리 퍼마셔요?"

"가만! 어제 내가 어떻게 돌아왔더라?"

리사가 인상을 팍 썼다.

"아무것도 기억나지 않는 거예요? 나와 베시가 완전히 뻗어 버린 에드워드를 부축해서 왔잖아요."

에드워드가 움찔했다.

"베시가? 그녀는 지금 어디에 있는데?"

"여기 있어요."

베시가 욕실 문을 열고 나오자 에드워드의 눈이 휘둥그레졌다.

"베시도 여기서 잤어?"

"네."

"으음……."

수건으로 젖은 머리를 말리며 리사의 옆으로 서는 베시를 바라보는 에드워드의 표정이 밝지 않았다. 베시를 대신해 리사가 설명했다.

"에드워드가 돌아가겠다는 베시를 한사코 붙잡았어요. 설마 그것도 기억이 안 나요?"

"……."

복잡해지는 에드워드의 안색을 살피던 베시가 쓰게 웃었다.

"난 그만 돌아가겠어요. 어제의 마지막 술자리를 우리의 이별식으로 알고 다시는 연락하지 않을게요."

돌아서려는 베시를 에드워드가 불러 세웠다.

"가지 마!"

"!"

놀란 얼굴로 돌아서는 베시를 똑바로 보며 에드워드가 진지하게 말했다.

"어젯밤 나는 확실하게 깨달았어. 나는 이미 베시 없이는 살아갈 수 없는 남자가 돼 버렸다는 사실을. 그러니까 내 곁에 머물러줘."

"아!"

가슴을 꼭 움켜쥐는 베시의 눈가에 눈물이 그득했다. 리사도 두 사람을 말리지 못했다. 지난밤 술에 취해 베시의 손을 놓지 않는 에드워드의 모습에서 베시를 향한 그의 마음을 충분히 짐작할 수 있었기 때문이다.

에드워드가 씩씩하게 침대를 박차고 일어섰다.

"리사, 시종장이 우리 요트는 찾아놓았대?"

"네! 항구에 무사히 묶어놓았다고 하던대요."

"좋아! 그럼 셋이서 요트를 타러 나가자!"

"야호! 신난다!"

"날씨 한 번 좋다!"

아닌 게 아니라 요트를 타기에는 더할 나위 없는 날씨였다. 베시와 리사는 에드워드가 조종하는 요트를 타고 에메랄드빛 바다를 향해 나아가고 있었다. 뭉게구름 몇 조각이 바다보다도 새파란 하늘을 가로질러 세 사람을 쫓아왔다. 구름도 마치 하늘의 바다를 떠가는 조각배처럼 느껴졌다.

"아, 새롭게 태어나는 기분이야!"

베시가 뱃전에 서서 두 팔을 활짝 벌렸다. 시원한 바람에 그녀의 파란색 원피스가 깃발처럼 펄럭였다.

"리사!"

"네?"

에드워드가 불러서 돌아보니 그가 가까이 오라며 손짓을 했다.

"왜 그래요?"

"나 대신 조종간 좀 맡아줘."

"으엑! 내가 어떻게 요트를 몰아요?"

"그냥 흔들리지 않게 잡고만 있으면 돼."

"하, 하지만……."

"그럼 부탁해, 리사."

"으악! 어딜 가는 거예요?"

리사에게 조종간을 맡기고 에드워드는 팔을 펼치고 있는 베시에게 다가갔다. 그가 등 뒤에서 그녀를 부드럽게 껴안았다.

"……!"

베시가 놀라 눈을 부릅떴지만 이내 편안하게 미소 지었다. 두 사람은 그렇게 서로의 체온을 느끼며 수평선을 향해 나아가고 있었다. 리사가 다정한 두 사람의 뒷모습을 지켜보며 투덜거렸다.

"쳇! 아예 영화를 찍어라, 영화를 찍어!"

리사의 말을 들은 것일까? 에드워드와 베시가 서로의 눈을 바라보며 마주섰다. 두 사람의 입술이 가까워지는 것을 지켜보던 리사가 한 손으로 눈을 가렸다.

"으앗! 키스하려나봐?"

하지만 리사의 손가락 사이가 충분히 벌어져 있어 젊은 국왕과 그의 연인이 키스하는 모습을 똑똑히 볼 수가 있었다.

펑! 펑! 펑!

요란한 소리와 함께 카메라 플러시가 연달아 터진 것은 그때였다.

"뭐, 뭐야?!"

리사는 물론 에드워드와 베시까지 눈을 동그랗게 뜨고 옆을 돌아보았다. 어디서 나타났는지 바로 옆에 요트 한 대가 따라붙고 있었다. 요트 갑판에는 기자로 보이는 남자 하나가 서서 연신 카메라 셔터를 눌러대는 중이었다.

펑! 퍼엉!

에드워드가 남자를 가리키며 소리쳤다.

"이봐! 당신은 누군데 남의 사진을 함부로 찍는 거야?"

"저는 미국인 신문기자입니다! 이탈리아를 방문 중인 에드워드 8세 전하를 취재하러 왔는데, 이런 곳에서 뜻밖의 특종을 잡게 됐군요!"

에드워드가 기자를 향해 황급히 손을 뻗었다.

"이봐, 그 사진을 당장 나한테 넘겨!"

"죄송하지만 이런 특종을 포기할 순 없죠! 그럼 즐거운 시간 보내십시오, 전하!"

기자가 능글맞게 손을 흔들며 멀어졌다. 로맨틱한 분위기는 순식간에 사라지고, 에드워드와 베시는 충격에 빠진 얼굴로 서 있었다.

"이제 영국 전체가 발칵 뒤집히겠군."

에드워드가 우울한 목소리로 중얼거렸다. 에드워드와 리사 모두 걱정했던 일이 실제로 벌어져 버린 것이다.

영국 국왕 에드워드 8세를 태운 배가 런던항에 도착했다. 군악대의 연주도, 시민들의 환호도 없었다. 수를 헤아리기 힘든 기자들만이 배에서 내려오는 국왕 일행을 맞이했다. 영국에 있는 거의 모든 신문사의 기자들이 에드워드 8세의 모습을 발견하자 일제히 카메라 플러시를 터뜨리며 덤벼들었다.

펑! 퍼펑! 퍼엉!

"에드워드 전하, 한 말씀 부탁드립니다!"

"아드리드해로 밀월여행을 떠났다는 게 사실입니까?"

"상대는 예전에 염문을 뿌렸던 심프슨 부인이라죠?"

"심프슨 부인은 두 번이나 이혼을 했다고 알고 있습니다!"

"영국법은 국왕이 이혼녀와 결혼하는 걸 금지하고 있다는 걸 알고 계십니까?"

에드워드는 입을 굳게 다문 채 항구 끝자락에 서 있는 왕실 관용차를 향해 걸음을 옮겼다. 시종장과 경호원들이 끈질기게 몰려드는 기자들을 온몸으로 막아내고 있었다. 언제나 단정하던 옷매무새가 엉망진창이 되고 얼굴이 땀투성이로 변한 시종장이 에드워드를 향해 고래고래 소리를 질렀다.

"전하, 어서 타십시오! 기자들은 저희들이 막겠습니다!"

"피터! 그럼 부탁하겠네!"

에드워드가 기자들을 뚫고 간신히 관용차 안으로 들어갔다.

쾅! 쾅! 쾅!

"전하! 전하!"

"한 말씀만 해주십시오!"

"심프슨 부인과의 관계를 정리하실 겁니까?"

출발하는 관용차를 따라오며 차체를 두드리는 기자들을 에드워드가 질린 듯이 둘러보았다.

"맙소사! 이건 전쟁터가 따로 없군."

운전기사가 에드워드를 돌아보며 한 마디를 던졌다.

"전하께서 안 계시는 동안 요트에서 심프슨 부인과 키스하는 사진이 신문에 실리면서 런던이 발칵 뒤집혔습니다. 물론 시민들도 흥분하고 있지만 무엇보다 분노하신 분은……."

"……?"

"바로 어머님이십니다."

"으음……."

어머니의 이름이 나오자 에드워드는 어쩔 수 없이 깊은 신음을 흘렸다.

에드워드와 기자들이 썰물처럼 항구를 빠져나간 후에 텅 비어 있는 배에서 베시와 리사가 살금살금 내려왔다. 베시는 모자를 깊이 눌러쓰고 있어서 얼굴을 알아볼 수가 없었다. 주변을 두리번거리던 리사가 베시에게 빠르게 말했다.

"에드워드의 말대로 배에서 따로 내리지 않았으면 큰일 날 뻔했어. 빨리 베시의 집으로 가자."

"그래."

두 사람이 사람들의 눈을 피해 종종걸음을 쳤다.

그 시각, 버킹검궁에 도착한 에드워드는 어머니를 만나고 있었다. 아들과 소파에 마주앉아 찻잔을 들어 올리는 어머니의 손이 덜덜 떨렸다. 어머니가 찻잔을 내려놓으며 간신히 화를 참는 목소리로 말했다.

"그렇게 주의를 주었건만 기어이 사고를 쳤더구나."

"죄송합니다, 어머니. 하지만 저는 베시를 진심으로……."

"듣기 싫다!"

"어머니!"

"영국 국법은 왕이 이혼녀와 결혼하는 것을 금지하고 있다. 게다가 그 베시 월리스라는 여자는 두 번씩이나 이혼을 했더구나."

에드워드가 사정조로 말했다.

"그녀에게도 사정이 있었습니다. 그녀가 정숙하지 못해서 이혼을 한 것은 절대 아닙니다."

"네 말이 맞다 치자. 그렇다고 해서 국민들이 너희들의 결혼을 허락할 것 같으냐?"

"그건……."

당황하는 에드워드의 얼굴을 보며 또박또박 말했다.

"착각하지 마라. 영국의 국왕은 더 이상 국민에게 명령을 내리는 절대군주가 아니야. 국민으로부터 인기를 잃으면 언제든 왕관을 내려놓아야 하는 그런 자리란 말이다."

"으음……."

"네가 베시와의 관계를 고집한다면 결국 왕관을 잃게 될 것이야. 내 말을 명심 또 명심해라."

"……."

더 이상 어머니를 설득할 방법을 찾지 못한 에드워드의 얼굴이 돌처럼 굳어졌다.

"맙소사, 이 사람들 에드워드를 왕좌에서 쫓아내려고 작정을 한 모양이야."

베시의 집 거실에 수북이 쌓아놓은 신문을 보며 리사가 분통을 터뜨렸다.

[영국 국왕, 본분을 망각하고 아드리드해에서 밀월여행!]

[에드워드 8세와 이혼녀의 부끄러운 행각!]

[이혼녀 심프슨, 영국 왕비 자리를 노리는가?]

[에드워드 8세, 이혼녀에게 빠져 영국을 저버리다!]

[영국 국왕, 본분을 망각하고
아드리드해에서 밀월여행!]

[에드워드 8세와 이혼녀의 부끄러운 행각!]

[이혼녀 쉼프슨,
영국 왕비 자리를 노리는가?]

8세, 이혼녀에게 빠져 영국을 저버리다

신문을 넘기는 베시의 안색도 점차 어두워졌다. 리사가 보고 있던 신문을 확 구겨 버리며 씩씩거렸다.

"이 신문사들 전부 고소해야 돼! 에드워드가 대체 언제 영국을 버렸다는 거야?"
"……."
"베시는 화도 안 나? 뭐라고 말을 좀 해봐."
베시가 신문을 내려놓으며 쓸쓸하게 말했다.
"이쪽에서 항의하면 신문기자들은 더욱 자극적인 기사를 내보낼 거야. 지금은 세상의 관심이 사그라질 때까지 기다리는 수밖에 없어."
"왕도 사랑은 할 수 있는 거잖아. 사람들이 왜 이리 에드워드를 못 잡아먹어 안달인지 모르겠어."
생각에 잠긴 눈빛으로 리사의 얼굴을 물끄러미 바라보던 베시가 나직이 내뱉었다.
"이상하게 들릴지도 모르지만 국민들이 화를 내는 것은 그만큼 자신들의 왕을 사랑하기 때문이야."
"사랑해서 괴롭힌다고? 그게 말이 돼?"
코웃음을 치는 리사를 쳐다보는 베시의 눈빛이 진지했다.
"에드워드는 지금껏 영국 국민들이 맞이했던 그 어떤 왕보다 젊고 멋있어. 게다가 그는 세련된 감각으로 유행을 선도하는 패셔니스트야. 소녀 팬들이 왕의 얼굴을 보려고 줄을 설 정도니까 말 다한 거

인정받지 못한 사랑 133

아니겠어?"

"그야 그렇지만……."

"국민들은 자신들이 그처럼 사랑했던 국왕이 당연히 다른 왕가의 공주나 유명한 기업의 영애와 결혼하리라 믿었을 거야. 그런데 갑자기 두 번이나 이혼한 여자와 염문을 뿌려대니 화가 치미는 것도 당연하지."

"아……."

그제야 베시의 말뜻을 알아들은 리사가 고개를 끄덕였다. 우울하게 가라앉아 있는 베시의 얼굴을 리사가 안타깝게 쳐다보았다.

"베시, 이젠 어쩔 생각이야?"

"글쎄, 리사는 내가 어떻게 했으면 좋겠어?"

"으음……."

심각하게 고민하던 리사가 어렵게 입을 열었다.

"나도 처음엔 베시가 마음에 들지 않았어. 이혼녀라는 사실을 숨기고 에드워드에게 접근했다고 생각했거든. 그런데 시간이 흐르면서 베시의 진심을 알게 됐고, 두 사람이 썩 잘 어울린다는 생각도 했어. 하지만……."

"하지만?"

"이제는 잘 모르겠어. 두 사람이 진심으로 사랑하니 잘 됐으면 좋겠다가도 국민들 전체가 반대한다니 조금 무섭기도 하고……."

"그래, 역시 복잡한 문제야."

베시가 쓸쓸히 중얼거렸다. 리사도 마음이 아팠다. 하지만 베시를 위로할 어떤 말도 떠오르지 않았다. 물론 베시에겐 아무 잘못도 없었다. 잘못이 있다면 다른 누구도 아닌 영국 국왕을 사랑한 죄밖에는.

7
왕관과 장미

여름이 될 때까지 국왕에 대한 비난 여론은 수그러들지 않았다. 어머니는 에드워드에게 대국민 사과성명을 발표하고, 베시와의 관계를 정리하겠노라 공언하라고 말했다. 하지만 에드워드는 받아들이지 않았다.

"제가 먼저 그녀의 손을 잡았어요. 그녀가 먼저 저의 손을 놓지 않는 한, 제가 그녀의 손을 놓는 일은 없을 겁니다."

"네가 아직 정신을 못 차렸구나."

"영국에도 제 편이 한 명쯤은 있을 겁니다. 친구들에게 도움을 청할 생각입니다."

그때부터 에드워드는 친구들을 찾아다니며 도움을 청했다. 그는 영국의 왕이었고, 당연히 도움을 줄 수 있는 친구들이 많았다. 그러나 정치계, 법조계, 경영계 그리고 사교계, 언론계에 있는 그 많은 친구들 중 누구도 에드워드를 편들어주는 사람은 없었다. 그들은 하나같이 걱정스런 얼굴로 이렇게 말하곤 했다.

"전하, 이번 일만은 포기하세요. 국민들 전부를 적으로 돌리실 작정이십니까?"

"전하, 사태의 심각성을 모르시는군요. 사람들은 그 베시라는 여자를 마녀라고 부릅니다."

"에드워드, 그 이혼녀를 조심하게. 그 교활한 여자가 자네를 망치고 있네."

모든 희망을 잃은 에드워드는 실의에 빠졌다. 에드워드는 베스를 만나 위로를 받고 싶어했다. 하지만 언제부턴가 베시마저 그를 피하기 시작했다. 몇 번이고 리사를 보내 만나고 싶다는 의사를 전달한 그는 편지 한 장을 달랑 받았을 뿐이다.

[친애하는 에드워드, 당신에 대한 나의 사랑은 조금도 변함이 없어요. 하지만 우리가 계속 만나는 것이 옳은 일인지 확신할 수가 없군요. 나로 인해 당신이 곤경에 처하는 것을 진심으로 원하지 않아요. 당신의 행복을 위해 멀리서나마 기도할게요.]

편지를 팍 구겨 버리며 에드워드는 머리를 감쌌다.

"미치겠군. 베시까지 왜 이러는 거야?"

고뇌에 빠진 에드워드 옆에서 리사가 설득조로 말했다.

"베시는 전하를 위해서 이러는 거예요. 지금 누구보다 힘든 사람은 베시 자신일 거라고요."

"당장 그녀한테 가봐야겠어!"

리사의 말이 끝나기도 전에 에드워드가 박차고 일어섰다. 성난 얼굴로 집무실을 빠져나가는 에드워드를 리사가 헐레벌떡 쫓아갔다.

"전하! 이 밤중에 어딜 가겠다는 거예요? 베시와 만나는 걸 사람들한테 들키면 큰일 난다고요!"

쏴아아아!

그날따라 런던 거리에 폭우가 쏟아졌다. 베시의 집 앞에 정지한 차 안에서 빗방울이 부딪치는 차창을 보며 리사는 오히려 안도했다. 만약 에드워드와 베시가 만난다면 이 비가 보호막이 되어줄 것이라 믿었기 때문이다. 그래도 리사는 굳은 얼굴로 앉아 있는 에드워드를 돌아보며 설득했다.

"전하, 다시 한 번 잘 생각해봐요. 지난 몇 달간 베시의 집 근처에 기자들이 진을 치고 있었다고요."

"리사."

"네?"

"나는 두려워."

"당연히 그렇겠죠. 이번에 또 기자들에게 들키는 날에는……."

"그게 아니라 베시가 이대로 날 떠나 버릴까 봐 두렵다고."

"!"

"그걸 빼놓고 나는 아무것도 무섭지가 않아."

확고한 에드워드의 얼굴을 보며 리사도 더 이상 말릴 수가 없었다. 에드워드가 차문을 열고 내렸다. 우산을 들고 따라 내리려는 운전기사를 말리며 리사가 에드워드의 머리 위에 우산을 씌워주었다.

쾅! 쾅! 쾅!

"베시! 베시! 나야, 에드워드야!"

에드워드가 베시의 집 대문을 거칠게 두드렸다.

"전하, 사람들이 보면 어쩌려고 그래요? 제발 목소리 좀 낮춰요!"

리사가 말렸지만 에드워드는 멈추지 않았다. 베시가 일부러 문을 열어주지 않는다고 생각하는 것 같았다. 집안에 있는 줄만 알았던 베시의 목소리가 엉뚱하게도 뒤에서 들려왔다.

"설마 에드워드?"

"베시!"

반색하며 돌아서는 에드워드 앞에 베시가 우산을 들고 우두커니 서 있었다.

쏴아아아!

비가 내리는 가운데 두 사람은 아무 말도 하지 않고 서로의 얼굴을 마주보며 서 있었다. 리사도 숨을 죽인 채 두 사람을 지켜보았다. 에

드워드가 베시에게 천천히 다가갔다. 그리고 그녀를 와락 끌어안으며 격정적인 목소리로 말했다.

"다시는 내게서 도망치려고 하지 마. 내가 당신 없이는 살 수 없다는 걸 당신도 잘 알고 있잖아."

"에드워드!"

두 사람이 우산 아래서 키스하자, 리사가 불안하게 두리번거렸다.

"근처에 기자들이 없어야 할 텐데……."

에드워드와 베시는 하나의 우산을 쓰고 거리를 산책했다. 리사는 약간의 거리를 두고 따라갔다. 둘이서 무슨 얘기를 나누는지 알 수는 없었지만 서로에게 어깨를 기댄 것으로 보아 다정한 대화를 속삭이고 있는 게 분명했다.

한참을 걷던 두 사람은 어느새 번화가에 다다랐다. 오페라극장 앞에 사람들이 잔뜩 몰려 있는 것을 발견하고 리사는 불안해졌다.

"이쯤에서 돌아가는 게 낫지 않을까?"

하지만 에드워드와 베시는 대화에 정신이 팔려 사람들이 모여 있는 쪽으로 걸음을 옮기고 있었다.

휘이잉!

"아앗!"

갑자기 바람이 불어와 두 사람이 쓰고 있던 우산을 날려 버린 것은 그때였다. 런던에서 가장 유명한 두 남녀의 얼굴이 수많은 사람들 앞에 적나라하게 드러났다. 사람들이 에드워드와 베시를 가리키며 우르르 몰려들었다.

"저기 에드워드 8세 전하께서 계신다!"

"베시 월리스도 있다!"

"두 사람이 데이트를 하고 있어!"

"오페라보다 더 재미있는 장면인데!"

당황스런 얼굴로 서 있는 에드워드와 베시를 향해 리사가 재빨리 달려왔다.

"뭐하고 있어요? 빨리 피해요!"

그제야 정신을 차린 두 사람이 빙글 돌아서서 달음박질치기 시작했다. 사람들은 포기하지 않고 끝까지 쫓아왔다. 사람들 중에 카메라를 들고 있는 기자들도 몇몇 보였다. 오페라를 취재하기 위해 온 기자들이 플러시를 터뜨리며 쫓아오고 있었다.

"전하와 심프슨 부인을 찍어!"

"특종 중의 특종을 놓칠 수야 없지!"

비를 뚫고 에드워드와 베시와 리사는 헐레벌떡 달렸다. 순간 베시가 빗길에 미끄러지며 넘어졌다.

"꺄아악!"

"베시!"

베시를 향해 달려가려는 에드워드의 팔을 리사가 붙잡았다.

"가야 해요, 전하!"

"베시를 두고 갈 순 없어!"

"기자들에게 사진이 찍히면 어떤 일이 벌어질지 알잖아요! 일단 피하고 봐요!"

"하, 하지만……."

"빨리요! 빨리!"

리사의 손에 끌려 몇 걸음 옮기던 에드워드가 우뚝 멈춰 섰다. 그가 리사의 손을 뿌리치며 돌아섰다.

"미안해, 리사. 역시 베시를 포기할 순 없어."

"에드워드?!"

리사를 뒤로하고 에드워드가 베시를 향해 걸어갔다. 젖은 땅에 쓰러져 있는 베시를 빙 에워싸고 사진을 찍어대던 기자들이 눈을 크게 뜨며 돌아섰다.

"전하시다!"

"전하께서 돌아오고 계신다!"

에드워드가 베시 앞에 한쪽 무릎을 꿇고 앉았다. 그리고 그녀를 다정하게 부축해 일으켰다.

펑! 펑! 퍼엉!

카메라 기자들이 베시의 허리를 안아 일으키는 에드워드를 향해 정신없이 카메라 플래시를 터뜨렸다. 기자 중 한 명이 에드워드를 향해 물었다.

"전하, 심프슨 부인과의 관계를 아직 끝내지 못하신 겁니까?"

에드워드가 무서운 얼굴로 쳐다보자 기자가 움찔했다. 기자의 얼굴을 똑바로 쳐다보며 에드워드가 또박또박 말했다.

"일단 베시 월리스 양은 더 이상 심프슨 부인이 아니오. 그리고 나는 베시 양과의 관계를 끝내겠다고 말한 적이 없소."

"그, 그럼 설마 베시 양과 결혼이라도 하시겠다는 겁니까?"

"으음……."

잠시 망설이던 에드워드가 결연히 고개를 끄덕였다.

"그렇소. 우리는 머지않아 결혼식을 올릴 거요."

펑! 펑! 펑! 펑!

에드워드의 말이 끝나기 무섭게 기자들의 카메라 플러시가 다시 쉴 새 없이 터졌다. 카메라 앞에 애써 당당하게 서 있는 에드워드와 베시를 보며 리사가 질린 듯이 중얼거렸다.

"맙소사! 이건 대형사고야!"

다음날 날이 밝자마자 런던 뿐 아니라 영국 전체가 발칵 뒤집혔다.

[에드워드 8세 전하, 심프슨 부인과의 결혼 발표!]

충격적인 기사가 실린 신문이 집집마다 배달됐다. 신문을 읽은 시민들은 하나같이 탄식했다.

"아, 전하께서 대체 어쩌려고 이러시는가?"

"영국의 앞날이 걱정이구나."

"심프슨 그 요녀가 전하를 망치고 있어!"

신문은 버킹검궁에도 어김없이 배달됐다. 에드워드는 집무실 책상에 앉아 미간을 찌푸린 채 신문을 읽고 있었다. 리사가 책상 앞에 서서 걱정스럽게 말했다.

"이제 어쩔 생각이세요? 이 정도 사고를 쳤을 때는 뭔가 계획이 있을 거 아니에요?"

"아니, 그런 거 없어."

"헐!"

기가 막힌 표정을 짓는 리사를 보며 에드워드가 입술을 질끈 깨물었다.

"승냥이 같은 기자들 앞에 베시를 버려둔 채 달아날 순 없었어. 나는 어젯밤의 행동에 대해 절대 후회하지 않아."

"맞아요, 전하께선 할 일을 하셨어요. 하지만 사람들은 절대로 이대로 넘어가려고 하지 않을 거예요."

"그렇겠지."

에드워드가 어깨를 축 늘어뜨릴 때, 방문이 거칠게 열리며 어머니가 들어왔다. 어머니는 혼자가 아니었다. 양복을 빼입은 기품이 흐르는 중년 남자와 함께 들어왔다. 남자를 발견한 에드워드가 긴장된 얼굴로 일어섰다.

"스탠리 볼드윈 수상님이 어쩐 일이십니까?"

"수상이라고?"

콧수염을 멋들어지게 기른 수상의 얼굴을 보며 리사는 무언가 심상치 않은 일이 벌어졌음을 직감했다.

"일단 이쪽으로 앉으시죠."

에드워드가 소파를 가리켰지만 수상은 고개를 가로저었다.

"아닙니다. 그냥 서서 말씀 올리겠습니다."

"그, 그러시겠소?"

에드워드의 얼굴을 뚫어져라 바라보던 볼드윈 수상이 무겁게 입을 열었다.

"전하, 오늘 저를 비롯한 내각이 총사퇴하기로 결의했습니다."

충격을 받은 에드워드가 눈을 부릅떴다.

"내각이 총사퇴하다뇨? 대체 왜요?"

"전하와 베시 월리스 양의 추문 때문입니다."

"나와 베시가 사귀는 건 어디까지나 사적인 문제요. 그런데 왜 수상과 내각이 책임을 진다는 말이오?"

"영국의 일반 가정의 남녀가 사귀면 그것은 사적인 문제입니다. 하지만 전하께선 다르십니다. 전하께선 영국의 국왕이 아니십니까?"

"하지만······."

"내각은 왕실을 보호하고 명예를 드높일 의무가 있습니다. 그 임무에 실패해 전 국민의 웃음거리로 만들었으니 당연히 사퇴를 해야

합니다."

"으음……"

수상이 대놓고 자신을 비난하자 에드워드의 안색이 창백해졌다.

"전하, 제가 한 말씀 더 올려도 되겠습니까?"

"말씀하시오."

"입헌군주제가 실시된 이후, 내각이 왕실 때문에 사퇴한 것은 이번이 처음입니다."

"……"

"부디 본분을 잊지 말아주십시오. 국왕이란 자신의 감정보다 국민을 먼저 생각해야 하는 자리가 아닙니까?"

"……"

아무 대꾸도 하지 못하고 모멸감에 떠는 에드워드를 뒤로하고 볼드윈 수상이 빙글 돌아섰다.

쿠웅!

수상이 사라지고 굳게 닫히는 문을 에드워드와 어머니가 씁쓸히 바라보았다. 한참만에야 어머니가 아들을 향해 돌아섰다.

"에드워드."

"네, 어머니."

"오늘 당장 기자들을 불러 베시 월리스와의 관계를 끝내겠다고 발표해라."

"싫습니다."

어머니가 눈을 확 치켜떴다.

"네가 정말 제정신이 아니구나?"

"허락해 주십시오, 어머니. 베시와 결혼해야 저는 왕으로서의 책무를 다할 수 있을 것 같습니다."

"그 요망한 여자와 헤어져야 오히려 왕의 책무를 다할 수 있다니까!"

"그건 불가능합니다!"

"이이……!"

이를 악물고 에드워드의 얼굴을 쏘아보던 어머니는 찬바람을 일으키며 돌아섰다.

"어디 네 멋대로 한 번 해봐라. 하지만 명심해라. 왕실에는 너 말고도 국왕이 될 자격을 갖춘 남자가 있다는 사실을."

"……!"

충격어린 눈으로 방문을 열고 나가는 어머니의 뒷모습을 바라보는 에드워드를 향해 리사가 나직이 물었다.

"전하, 방금 어머니께서 하신 말씀이 무슨 뜻이에요?"

에드워드가 낮게 깔리는 소리로 대답했다.

"내 동생 요크공에 대해 말씀하시는 거야. 고집을 꺾지 않으면 나를 퇴위시키고 요크를 국왕으로 추대하겠다는 뜻이지."

"뭐, 뭐라고요?!"

다음날부터 영국 의회에선 국왕의 결혼문제로 격론이 벌어졌다.

대부분의 의원들은 신분도 불확실한 이혼녀와 결혼하려는 국왕에 대해 성토했다.

"에드워드 8세 전하께서 이상한 여자에게 빠져 왕실의 체통을 무너뜨리고 계십니다!"

"전하와 심프슨 부인과의 결혼을 절대로 허용할 수 없습니다!"

"전하께서 고집을 꺾지 않으신다면 책임으로부터 자유로울 순 없을 겁니다!"

오직 한 사람, 식민부 장관인 윈스턴 처칠만은 국왕을 편들고 나섰다.

"제 생각은 다릅니다. 누구와 결혼하든 그것은 전하의 자유십니다. 이혼녀와 결혼할 수 없다는 법도 오래 전에 만들어진 낡은 법 아닙니까? 전하께서 베시 월리스 양과 결혼하고, 일에 집중할 수 있도록 해드립시다."

그러나 처칠의 주장은 동료의원들의 강력한 반대에 부딪쳤다.

"집어치우시오!"

"이 결혼은 절대불가하오!"

"우리는 이미 뜻을 모았소!"

가을이 지나고 겨울이 시작될 때까지 혼란은 계속됐다. 영국의 거의 모든 신문은 매일이다시피 국왕과 심프슨 부인에 대한 선정적인 기사를 내보냈다. 심프슨 부인이 오래 전부터 왕비가 되기 위해 치밀한 계획을 세웠다느니, 심프슨 부인이 왕실의 막대한 재산을 노린

다느니 하는 근거도 없는 악의적인 기사들이 줄을 이었다. 그런 기사를 읽을 때마다 에드워드의 표정은 점점 침울해졌다. 하지만 그는 자신보다 베시에 대한 걱정부터 했다.

"베시도 기사를 읽었을 거야. 그녀가 매우 힘들어하겠군."

리사가 그런 에드워드를 걱정스런 눈으로 바라보았다.

"나는 솔직히 무서워 죽겠어요."

"뭐가 무섭다는 거야?"

"에드워드가 왕관을 잃게 될까봐요."

에드워드가 메마른 미소를 지었다.

"요즘 가끔 그런 생각을 하기도 해. 차라리 내가 왕좌를 포기하는 게 국민들과 베시를 위해 나은 일이 아닐까 하고 말이야."

"그건 절대 안 돼요!"

"……"

"에드워드, 제발 기운을 내도록 해요. 왕좌를 포기한다는 건 무책임한 생각이에요."

"과연 그럴까?"

쓸쓸한 에드워드의 얼굴을 리사가 안타깝게 쳐다보았다.

8
사랑을 위해 포기해야 하는 것들

"후우우……, 왕좌를 포기하겠다는 말이 설마 진심은 아니겠지?"

리사가 한숨을 몰아쉬며 왕궁 복도를 걸어 나오고 있었다. 깊은 생각에 잠겨 있느라 리사는 바로 앞에 서 있는 시종장 피터를 미처 발견하지 못했다.

"세상 걱정은 혼자 짊어진 표정이구나?"

"악!"

그래서 피터와 맞닥뜨렸을 때 리사는 너무 놀라 비명을 지를 수밖에 없었다.

"시종장님, 간 떨어지는 줄 알았잖아요."

"따라오너라."

차가운 얼굴로 돌아서는 시종장을 리사가 쪼르르 따라붙었다.

"또 왜요? 하루 종일 빈둥거렸다고 힘든 일 시키시려고요?"

"어느 분께서 널 좀 만나자고 하신다."

"누가요?"

"따라와 보면 안다."

시종장이 리사를 데려간 곳엔 에드워드의 어머니가 계셨다. 소파에 꼿꼿하게 앉아 계시는 모습을 보니 리사는 절로 오금이 저렸다.

"이쪽으로 앉아라."

"괘, 괜찮습니다."

"앉으라면 앉아."

"네, 넵!"

맞은편에 앉는 리사의 얼굴을 지그시 보다가 한참만에야 입을 열었다.

"리사, 너는 에드워드의 친구라지?"

"그, 그렇습니다."

"친구란 어려울 때 서로 돕고 의지하는 사이라고 알고 있다. 내 말이 틀리느냐?"

"아닙니다. 맞는 말씀이십니다."

손사래를 치는 리사를 향해 눈을 반짝 빛냈다.

"리사 네가 국왕 전하를 좀 도와드려야겠다. 그의 친구로서 말이지."

"무슨 말씀이신지……."

리사의 불안한 얼굴을 지그시 바라보더니 편지 한 장을 내밀었다.

"이 편지를 베시 월리스에게 전해다오. 어때, 생각보다 간단하지?"

편지의 내용을 짐작한 리사가 손사래를 쳤다.

"저, 전 못해요. 그런 짓을 했다간 에드워드에게 절교당할 거라고요."

"지금 의회에서 에드워드를 퇴위시키려는 움직임이 시작됐다는 걸 알고 있느냐?"

"네? 그게 정말인가요?"

놀라 눈을 부릅뜨는 리사를 향해 심각하게 말했다.

"국민들과 의원들도 서서히 지쳐가고 있다. 지금 당장 그 사악한 이혼녀와의 관계를 정리하지 못한다면 에드워드는 겨울이 가기 전에 퇴위하게 될 것이야."

"아아!"

리사의 입에서 절망적인 신음이 흘러나왔다.

오전 내내 고민하던 리사는 결국 베시의 집으로 향했다. 시무룩한 표정으로 앉아 있는 리사 앞에 찻잔을 놓아주며 베시가 고개를 갸웃했다.

"왜 그런 얼굴을 하고 있어? 궁에서 무슨 일이라도 있었던 거야?"

"……"

"리사?"

"베시, 우린 친구지?"

사랑을 위해 포기해야 하는 것들

리사가 불쑥 묻자 베시는 황당한 표정을 지었다.

"당연한 걸 왜 물어보고 그래?"

"그렇다면 지금부터 내가 하는 행동을 오해하지 말아주길 바라."

"대체 무슨 일인데 그래?"

긴장하는 베시 앞으로 리사가 에드워드의 어머니께 건네받은 편지를 내밀었다.

"이건?"

"에드워드의 어머니께서 베시에게 전해달라고 하신 편지야. 읽어보진 않았지만 아마도 전하와 헤어져달라는 내용이 써져 있을 거야."

"으음……."

깊은 신음을 흘리던 베시가 떨리는 손으로 편지를 펼쳐 읽기 시작했다. 그녀의 표정이 시시각각 창백해지는 것을 지켜보며 리사도 마음이 아팠다.

"후우우……."

마침내 편지를 모두 읽고 절망적인 신음을 흘리는 베시를 보며 리사가 눈물을 글썽였다.

"미안해, 베시."

"리사가 미안해 할 일이 아니야."

"하지만……."

눈물을 보이지 않으려는 듯 베시가 서둘러 일어섰다.

"리사, 아직 점심 전이지? 마침 스크럼블을 만들어놓았어. 금방

차려줄 테니, 잠시만 기다려."

"베시, 나 배고프지 않아."

리사가 말렸지만 베시는 도망치듯 주방으로 향했다.

"으흐흐흑!"

주방 쪽에서 베시가 울음을 터뜨리는 소리가 들려오자 리사는 가슴이 먹먹해졌다.

다음날 이른 아침, 베시는 짐 가방을 하나만 들고 런던항으로 향했다. 이른 시간의 런던항에는 겨울 안개가 짙게 깔려 있었다. 베시는 스산한 바람만 떠돌고 있는 텅 빈 항구에 서서 자신을 미국으로 실어갈 여객선을 올려다보고 있었다. 수염이 덥수룩한 선원 한 명이 그녀에게 다가와 말을 걸었다.

"이 여객선에 승선할 승객입니까?"

"그런데요?"

"곧 출발할 거요. 타려면 빨리 타십시오."

"네, 알겠어요."

가방을 들고 배에 탑승하던 베시가 문득 고개를 돌려 안개에 파묻힌 런던 시내를 돌아보았다.

"안녕, 에드워드……, 당신을 만나서 진심으로 행복했어."

한편 그 시간, 에드워드는 외출 준비를 서두르고 있었다. 전신거울 앞에서 코트를 걸치며 에드워드가 들뜬 목소리로 말했다.

"리사, 이 체크무늬 수트와 밤색 외투가 어울려 보여? 오늘 베시와 브런치를 먹기로 했거든. 베시가 마음에 들어 해야 할 텐데 말이야."

"하하, 뭐 그럭저럭 괜찮아 보이네요."

에드워드 옆에 서서 리사가 억지로 웃었다. 그런 리사를 보며 에드워드가 고개를 갸웃했다.

"표정이 왜 그래?"

"내 표정이 어때서요?"

제 발이 저린 리사가 버럭 소리를 지르자 에드워드가 더욱 의심스런 표정을 지었다.

"어라, 점점 더 수상하네. 별 말도 아닌데 왜 화를 내고 그러지?"

"내가 언제 화를 냈다고 그러세요? 생사람 좀 잡지 마세요."

"흐음……."

눈을 가늘게 뜨고 리사의 얼굴을 보던 에드워드가 정색하며 물었다.

"자, 솔직하게 얘기해봐."

"뭐, 뭘요?"

"리사 넌 무언가 숨기고 있으면 금방 티가 나거든. 그러니까 솔직하게 털어놓으란 말이야."

"으음……."

"자꾸 숨기면 나 진짜 화낸다."

리사는 결국 백기를 들고 말았다.

사랑을 위해 포기해야 하는 것들

"지금 가도 베시를 만날 수 없을 거예요."

"응? 그게 무슨 소리야?"

"베시는 떠났거든요."

"베시가 떠나다니? 대체 어디로?"

"미국으로 간다고 했어요. 그게 에드워드가 왕관을 잃지 않을 유일한 방법이라면서."

"이런 바보 같은!"

"전하, 기다려요! 지금 가 봐도 이미 늦었다고요!"

뿌우우우--!

리사의 말대로 베시를 태운 여객선은 이미 저 멀리로 멀어지고 있었다. 에드워드와 리사는 숨을 헐떡이며 작은 점처럼 보이는 여객선의 뒷꽁무니를 멍하니 바라보고 있었다. 리사가 무서운 얼굴을 하고 있는 에드워드의 팔을 살며시 잡았다.

"베시는 오직 전하를 위해서……."

"뭐가 날 위해서라는 거야?"

파앗!

에드워드가 리사의 손을 거칠게 뿌리쳤다. 그가 리사를 향해 돌아서서 악을 썼다.

"베시가 이렇게 떠나면 내가 국왕의 직무를 제대로 수행할 수 있을 것 같아! 아직도 모르겠니, 리사? 그녀가 없으면 이제 나는 아무것도 할 수 없단 말이야!"

"아……."

에드워드의 뺨을 타고 흘러내리는 굵은 눈물방울을 보고 리사는 말문이 막혀 버렸다. 에드워드는 깊은 절망에 빠져 있었다. 지금 이 순간만은 그는 영국의 국왕이 아니었다. 사랑을 잃고 슬퍼하는 평범한 한 남자에 불과했다.

"에드워드, 제발 울지 말아요."

누군가의 떨리는 목소리가 들려온 것은 그때였다.

"!"

눈을 부릅뜨고 돌아서는 에드워드와 리사 앞에 베시가 눈물을 글썽이며 서 있었다. 에드워드가 눈을 비비고 나서 다시 한 번 베시의 얼굴을 바라보았다.

"베시가 맞아? 당신 저기 저 여객선을 타고 떠난 게 아니었나?"

"떠나려고 했어요. 하지만 떠날 수가 없었어요. 내가 가고 나면 당신이 지금처럼 슬퍼할 것 같았기 때문이에요. 당신도 나처럼 모든 희망을 잃고 헤맬 것 같았어요."

"당신 말이 맞아. 당신이 떠났다면 나는 절망했을 거야."

에드워드가 베시에게 달려가 그녀를 와락 끌어안았다.

"나는 이제야 확신하게 되었어! 베시 당신이야말로 내가 마지막까지 지켜야 할 최고의 가치라는 사실을! 사랑해, 베시!"

"나도 사랑해요, 에드워드!"

며칠 후, 에드워드는 의회에 출석했다. 베시와 리사도 함께 참석했다. 영국을 대표하는 의원들이 지켜보는 앞에서 예복을 입은 에드워드가 떨리는 목소리로 연설했다.

"사랑하는 영국 국민 여러분 그리고 존경하는 의원 여러분. 저는 사랑하는 여인의 도움과 지지 없이는 국왕으로서의 무거운 책임을 이행해 나가기가 불가능하다는 사실을 깨달았습니다. 그래서 저는 동생 요크공에게 왕좌를 물려주고 퇴위하려고 합니다. 지난 몇 달간 여러분을 괴롭혔던 온갖 추측과 갈등에서 벗어나 이제 영국의 발전을 위해 힘을 모아주시기 바랍니다."

"……."

환호성과 갈채는 없었다. 의원들은 무거운 침묵 속에서 베시의 손을 잡고 퇴장하는 에드워드 8세의 모습을 지켜보았다. 그 침묵이 두려워 리사도 재빨리 에드워드와 베시를 따라갔다.

버컹검궁으로 돌아오는 에드워드와 베시의 앞을 시종장 피터와 근위병들이 가로막았다. 이번에는 국왕을 영접하기 위해서가 아니었다. 시종장이 곤혹스런 얼굴로 입을 열었다.

"죄송합니다만 전하, 즉시 궁을 떠나라는 명령이 떨어졌습니다."
"누가 내게 그런 명령을 내렸단 말인가?"
"저어 그것이……."

이때 시종장을 밀치고 냉정한 얼굴로 어머니가 나타났다. 그 주위

에는 낯익은 왕실의 어른들도 함께 서 있었다. 어머니와 어른들이 적대감 가득한 눈으로 쏘아보자 베시는 절로 어깨를 움츠렸다. 도망치려는 그녀의 손을 잡으며 에드워드가 애써 가슴을 폈다.

"어머님과 왕실의 어른들이 모두 모이셨군요."

어머니가 싸늘한 목소리로 말했다.

"방금 왕실회의에서 결정이 내려졌다. 첫째, 스스로 왕관을 포기한 에드워드 8세를 윈저공으로 강등한다. 둘째, 윈저공은 즉시 영국을 떠나 별도의 명령이 있을 때까지 결코 돌아와서는 안 된다."

"아아……."

각오는 하고 있었지만 너무도 가혹한 처벌에 에드워드는 탄식했다. 다리를 가늘게 떨며 서 있던 그가 베시의 손을 힘주어 잡으며 고개를 끄덕였다.

"알겠습니다. 왕실 전체의 뜻이 그렇다면 지금 즉시 떠나겠습니다."

"그래, 어서 가라. 너와 저 여자가 결혼을 한다 해도 왕실의 축복 따윈 바라지 마라. 영국왕실은 결코 저 여자를 일원으로 인정하지 않을 것이다."

"흐흑……."

베시가 억지로 참고 있던 눈물을 결국 터뜨렸다. 에드워드가 그녀의 어깨를 안으며 돌아섰다. 그 길로 에드워드와 베시는 도망치듯 영국을 떠나서 오스트리아로 향하는 배에 몸을 실었다. 그리고 해가 바뀐 1937년 6월, 프랑스에서 두 사람은 마침내 결혼식을 올렸다.

1937년 6월 3일, 프랑스 투르 근교 샤토드캉테의 날씨는 맑았다. 초여름 하늘에는 구름 한 점 없었고, 바람은 싱그러웠다.

뎅— 뎅— 뎅— 뎅--!

작은 성당에서 오전부터 종소리가 은은하게 울려 퍼지고 있었다. 성당 안에는 단 열여섯 명의 하객들이 앉아 있는 가운데 에드워드와 베시의 결혼식이 거행되고 있었다. 영국 국교회 신부님을 주례로 모신 영국식 결혼식이었지만 어머니의 호언대로 영국왕실에선 단 한 명의 하객도 참석하지 않았다. 그야말로 철저히 버림받은 쓸쓸한 결혼식이었다. 하지만 서로의 손을 꼭 잡은 채 신부님 앞에 서 있는 신랑과 신부의 뒷모습은 행복해 보였다. 체크무늬 바지에 짙은 회색 연미복을 입은 신랑은 언제나처럼 근사한 모습이었다. 신부는 하얀 드레스 대신 좋아하는 파란색 드레스를 입고 있었다.

신부님이 먼저 신랑을 향해 물었다.

"신랑은 신부를 평생 아끼고 보호할 것을 신께 맹세합니까?"

"네, 맹세합니다."

"신부는 신랑을 평생 존경하고 따를 것을 신께 맹세합니까?"

"네, 맹세하고 또 맹세합니다."

에드워드가 품속에서 보석함을 꺼냈다. 그가 조심스럽게 뚜껑을 열자 파랗게 빛나는 사파이어 팬던트의 목걸이가 모습을 드러냈다. 에드워드와 베시가 처음 만났던 파티장에서 경매로 나왔던 바로 그

목걸이었다.

"이 목걸이는?"

감격스런 표정을 짓는 베시의 목에 목걸이를 걸어주며 에드워드가 빙그레 미소 지었다.

"언젠가 당신의 목에 우리를 처음 맺어준 이 목걸이를 꼭 걸어주고 싶었어."

"오, 에드워드!"

신부가 눈물을 흘릴 것 같자 신부님이 재빨리 외쳤다.

"신의 가호 아래 신랑과 신부가 이제 부부가 되었음을 선언합니다! 신랑과 신부, 키스하세요!"

에드워드와 베시가 서로를 향해 돌아섰다. 그리고 세상 그 어떤 신랑과 신부보다 행복한 얼굴로 키스했다.

"사랑해, 베시."

"사랑해요, 에드워드."

짝짝짝짝!

하객석에서 박수가 터져 나왔다. 리사도 손뼉을 쳤다. 하지만 그다지 신바람이 나지는 않았다. 베시에 비해 너무도 많은 것을 포기한 에드워드가 안타까워서였다. 그런 리사를 향해 에드워드와 함께 하객들과 인사를 나누던 베시가 다가왔다.

"리사, 표정이 별로 안 좋아. 설마 우릴 축복해주기 싫은 거야?"

"그런 게 아니야."

"그럼 대체 왜 그래?"

잠시 망설이던 리사가 솔직하게 대답했다.

"에드워드가 불쌍해 보여서 그래. 베시는 별로 잃은 게 없지만 그는 영국의 왕관을 비롯해 너무 많은 것을 포기했잖아."

베시가 정색하며 말했다.

"리사, 나는 정말 아무것도 잃은 게 없는 거 같아?"

"응?"

"모두가 반대하는 사랑을 선택한 사람들은 결국 무언가를 포기하게 돼 있어. 나 같은 경우는 그나마 나를 좋은 사람으로 기억해주던 친구들을 전부 잃어 버렸지. 모든 영국인들은 아마도 영원히 나를 지독한 악녀로 기억하게 될 거야. 내 부모님, 내 친척, 내 친구들 모두 누구에게도 나를 안다고 말하지 못하겠지. 에드워드만큼은 아니지만 나도 많은 것을 포기했다는 것을 알아주었으면 좋겠어, 리사."

"아!"

순간 강한 깨달음이 리사의 가슴을 때렸다. 베시의 말이 옳았다. 세상이 반대하는 사랑을 하는 사람은 반드시 무언가를 포기하게 되어 있다. 포기하지 않고서는 결코 사랑을 이룰 수 없기 때문이다. 결국 리사도 포기하지 않으려고 했기 때문에 선재를 잃을 위기에 처했던 것이다. 리사가 고개를 주억이며 떨리는 목소리로 중얼거렸다.

"베시의 말이 맞아. 정말 사랑한다면 내게 소중한 것도 포기할 줄 알아야 해. 포기하지 않으면 결국 그 사랑도 끝나 버릴 테니까."

사랑을 위해 포기해야 하는 것들

후우우웅---!

순간 리사의 몸 윤곽을 따라 빛이 희미하게 떠올랐다. 베시는 어느새 에드워드에게 돌아가 하객들과 인사를 나누고 있었다. 두 친구를 부르려다가 리사는 그만두기로 했다. 자신이 떠나고 나도 두 사람이 서로를 의지하며 잘 살아갈 것이란 사실을 알고 있었기 때문이다.

"안녕, 에드워드! 안녕, 베시! 사랑을 위해 많은 것을 포기한 두 사람의 마음을 평생 기억할게!"

나직한 인사와 함께 리사의 모습이 1937년의 프랑스에서 홀연히 사라져 버렸다.

탁탁탁탁!

"헉, 헉헉!"

리사가 숨을 헐떡이며 공항 안으로 들어섰다. 한사코 붙잡는 찬영의 손을 기어이 뿌리치고 달려오는 길이었다. 늦은 시간인지라 한산한 공항 안을 리사가 정신없이 두리번거렸다. 이층 출국장에서 에스컬레이터를 타고 내려오는 카를로를 발견한 리사가 반색하며 뛰어갔다.

"카를로 아저씨!"

"리사 아가씨?"

하지만 카를로는 혼자였다.

"아가씨께서 공항까진 어쩐 일이십니까?"

"아저씨, 선재는요? 선재는 이미 떠났나요?"

"선재요?"

"네, 선재요! 선재는 떠났어요?"

카를로가 손목시계를 들여다보며 말했다.

"한국행 비행기는 벌써 30분 전에 이륙하기로 되어 있었습니다."

"결국 가버렸구나."

다리가 풀려 힘없이 주저앉는 리사를 향해 카를로가 걱정스럽게 물었다.

"아가씨, 괜찮으세요?"

"바보, 조금만 더 기다려주지 않고……."

"리사, 너 거기서 뭐하는 거야?"

귀에 익은 목소리가 들려온 것은 그때였다. 휙 돌아보는 리사 앞에 선재가 황당한 표정으로 서 있었다. 리사가 가늘게 떨리는 손가락으로 선재를 가리켰다.

"너, 넌 방금 떠났다고?"

카를로가 짓궂게 미소 지었다.

"30분 전에 비행기가 떠나기로 되어 있었던 건 맞습니다. 그런데 기체 점검에 시간이 걸려서 아직도 승객들을 탑승시키지 못하고 있다더군요."

"아!"

"리사, 대체 무슨 일이야? 갑자기 왜 공항까지 달려와서는……."

콰아악!

선재는 더 이상 말을 이을 수가 없었다. 리사가 자신을 와락 끌어안았기 때문이다.

"떠나지 않고 남아 있어줘서 고마워, 선재야. 스페인을 포기하고 달려온 나를 실망시키지 않아줘서 정말 고마워."

"……?"

에드워드 8세와
심프슨 부인의 세기의 결혼

1. 남다른 패션감각

조지 5세의 장남으로 1936년 1월 ~ 12월까지 단 일 년도 안 되는 기간동안 영국 왕으로 지냈다. 퇴임 후에는 윈저공이라 불리웠다. 황태자 시절에는 프린스 오브 웨일즈라 칭했고, 제1차 세계대전에는 프랑스 파견군 총사령관·지중해 파견군 사령군 등으로 활약하였다. 전후 세계 각 국을 순방하여 1936년 아드리아해를 주유했을 때 심프슨 부인과 알게 되어 열렬히 사랑하게 되었다. 미국의 신문이 '요트 나알린호 The Nahlin' 상에서의 로맨스를 대대적으로 보도했기 때문에 전 세계에 둘의 염문이 알려졌다. 이 때문에 영국 내각이 총사퇴하고, 의회에서도 헌법을 둘러싸고 대 논전이 전개되었다. 전 국가적인 논란 끝에 결국 1936년 12월 국왕의 퇴위선언

서가 의회에서 수리되었고, 이미 이혼한 심프슨 부인과의 결혼이 실현되었다. 영국의 왕관은 동생인 요크공이 계승하여 조지 6세로 등극하였다.

어려서부터 윈저공은 완벽한 미남에 밝고 유쾌한 성격이었다고 알려져 있다. 활달한 성격이었던 왕세자는 어려서부터 세계 각국을 여행하며 많은 사람들을 사귀길 좋아했다고 한다. 윈저공하면 빼놓을 수 없는 것이 그의 탁월한 패션감각이다. 그의 뛰어난 패션감각은 당시 영국 남성 패션계에 한 획을 그었을 정도라고 평가받는다. 그가 입은 파격적 스타일은 영국은 물론 유럽 남성들에게 많은 영향을 미쳤다. 클래식의 아버지라 불릴 정도로 클래식 수트 스타일을 완벽하게 소화한 윈저공은 클렌체크수트, 윈저노트, 트위트자켓 등 1930년대 영국 남성들의 패션을 주도한 중심인물이기도 했다.

예를 들어, 당시 남성들은 셔츠에 조끼를 받쳐입는 스타일을 즐겼고 그걸 진리라 여겼는데, 윈저공은 파격적이게도 남다른 스타일 감각을 발휘하여 셔츠에 스웨터를 겹쳐 입었던 것이다. 지금은 가을이나 겨울에 남성들의 흔한 패션으로 자리잡은 그 스타일이 실은 윈저공에게서 비롯된 것이다.

2. 운명의 여인 베시와의 만남

베시 월리스 워필드 스펜서 심프슨 윈저 공작부인이 정식 이름인 심프슨 부인은 미국 펜실베니아에서 태어났다. 그녀는 스무 살에 해군 조종사 스펜서와 결혼했는데 남편의 의처증과 폭력에 시달리다가 결혼 10년 만에 이혼하였다. 이혼의 상처를 달래기 위해 세계를 떠돌던 그녀는 이듬해 영국인 사업가 심프슨과 만나 결혼하고 영국 런던에 정착하였다. 이것이 심프슨 부인과 당시 황태자이던 에드워드 8세가 만나게 된 결정적 계기가 되었다.

원래 침착하고 지적이며 세련된 감각을 가지고 있던 심프슨 부인은 남편의 재력을 바탕으로 단숨에 런던 사교계의 떠오르는 별이 되었다. 1931년 어느 날 심프슨 부인은 지인이 연 파티에서 대영제국의 황태자 에드워드를 만난다. 그것은 참으로 운명적인 만남이었다. 푸른 드레스를 우아하게 차려 입은 심프슨 부인은 황태자를 단숨에 사로잡았다. 이후 두 사람은 유부녀였던 심프슨 부인의 상황을 고려하여 우정을 가장하여 만나기 시작했다. 그러나 그들은 끝까지 그 사랑을 숨기지 못하였다. 심프슨 부인의 남편은 강력한 연적인 에드워드 8세 앞에 무릎을 꿇을 수밖에 없었다. 이혼을 앞둔 심프슨 부인은 얼마 전 왕으로 즉위한 에드워드 8세의 아내로 대영제국의 왕비가 될 것을 믿어 의심치 않았다.

하지만 두 사람의 사랑은 곧 극심한 반대에 부딪혔다. 영국왕실 뿐 아니라 영국 국민 전체가 나서서 반대한 것이다. 당시까지 완전히 보수적이었던 영국왕실은 이혼 경력이 있는 평민의 미국 여인을 왕비로 맞을 수 없었다. 영국 수상이던 볼드윈과 영국의회, 영국 국민들도 에드워드 8세와 심프슨 부인의 결혼에 반대했다. 국왕 즉위 이전부터 멋쟁이 황태자로 인기가 높았던 에드워드 8세였기에 영국 국민들은 그의 파격적인 사랑을 더더욱 인정하지 않으려고 했다. 심프슨 부인은 국왕을 현혹시키는 천하의 요부로 영국 국민들의 공적이 되었다. 영국 국민들은 심프슨 부인이 왕의 숨겨진 애인인 것은 참을 수 있었지만 그녀가 공식적으로 영국의 왕비가 되어 영국을 대표하는 것은 참을 수 없는 치욕이라고 여겼다. 에드워드 8세는 왕위에 오른 11개월 동안 심프슨 부인과의 결혼을 성사시키기 위해 무던히 노력하였지만 그의 편을 들어 준 것은 오로지 윈스턴 처칠 한 사람 뿐이었다. 결단을 내려야 할 시기가 임박했고, 그녀를 버리거나 왕위를 버리거나 양자택일을 해야만 했다.

3. 사랑을 위해 왕관을 포기하다

"사랑하는 여인의 도움 없이는 국왕으로서의 의무를 다하는 것이 불가능합니다!"

1936년 12월 11일 밤 대영제국의 왕 에드워드 8세는 BBC 라디오 방송을 통해 국민들에게 자신의 사랑과 앞으로의 행보에 대해 발표했다. 발표의 요지는 사랑하는 여인과 결혼하기 위해 국왕의 자리에서 퇴위한다는 것이었다. 영국 국민과 전 세계인들은 경악했다. 도대체 어떤 여자가 대영제국 국왕의 마음을 이토록 사로잡은 것일까? 세계인의 관심은 한 여인에게로 쏠렸다. 그녀는 미국인으로 귀족 신분도 아니었고, 이혼경력도 있으며, 그때까지도 심프슨이라는 남자의 아내였던 월리스 심프슨, 통상 심프슨 부인이라고 불리던 여인이었다. 1930년대, 아직 대영제국의 영광이 완전히 기울지 않았던 시절이었다. 영국왕실은 국가와 국민의 기대에 부응해야만 했다. 그러기에 국왕 에드워드 8세와 심프슨 부인의 사랑은 그저 한때 지나가는 왕의 불장난 일 뿐이라고 치부하고자 하였다. 그러나 에드워드 8세의 사랑은 진심이었다. 그는 국왕 즉위 후 심프슨 부인과 결혼할 길을 백방으로 찾아보았지만 모든 노력은 허사가 되었다. 그러자 그는 놀랍게도 왕관을 포기하는 파격적인 결단을 내렸던 것이다.

1936년 12월 퇴위한 에드워드 8세는 오스트리아로 날아갔다. 그곳에서 그의 뒤를 이어 국왕이 된 남동생 조지 6세로부터 윈저공작의 작위를 받았다. 그리고 심프슨 부인의 법적인 이혼절차가 마무리되기를 기다려 1937년 6월 3일 프랑스에서 마침내 결혼식을 올렸다. 영국 국교회 신부를 주례로 모신 영국식 결혼식이었지만, 왕실의 결혼식이라곤 할 수 없는 초라한 결혼식이었다. 하객도 불과 열여섯 명에 불과했다. 영국왕실은 단 한 사람의 하객도 보내지 않았다. 이제는 윈저공이 된 에드워드 8세의 결혼에 단호히 반대의사를 표명한 것이다. 윈저공작의 부인이 된 심프슨 부인에게 공작부인의 지위도 내리지 않았다. 영국왕실은 철저히 그녀를 무시했고, 다만 윈저공작과 함께 사는 평민 아내로만 대우했다. 에드워드 8세는 자신의 아내에 대한 영국왕실의 냉담을 매우 마음 아파했지만 어쩔 도리가 없었다. 이런 고집스러운 조치를 취한 것은 에드워드 8세의 어머니 메리 왕비 때문이었다.

심프슨 부인은 결혼식 날 하얀 웨딩드레스를 입는 대신 푸른색 드레스를 입고 온몸을 푸른색으로 장식했다. 에드워드 8세와의 첫 만남을 기념하고 영원한 사랑을 맹세하는 의미에서 선택한 색이었다. 결혼식 자체는 초라하였지만 세계인들의 초미의 관심사였던 이 결혼식은 심프슨 부인의 푸른 웨딩드레스 때문에 더욱 유명해졌다. 그후 그녀가 입은 드레스의 푸른색은 '심프슨 블루'라고 불리게 되었다. 이후 심프슨 블루는 귀족과 왕족에 굴하지 않은 당당한 서민을 뜻하는 색으로 일컬어지기도 하였다. 이 결혼으로 에드워드 8세 또한 영국왕실로부터 배척당했다. 본의 아니게 망명객이 되어 영국 본토로 돌아가는 것이 거부되었던 것이다. 여전히 국민들에게 인기가 높던 에드워드 8세가 영국에서 살아갈 경우, 어부지리로 왕위에 오른 조지 6세의 자리가 불안해질까 두려워한 영국왕실과 정부의 조치였다. 결국 에드워드 8세는 도버해협을 건너지 못하고 프랑스에 정착할 수 밖에 없었다.

4. 영원한 사랑

왕의 자리마저 버리게 만든 여인 심프슨 부인은 비록 공식적으로 왕비도, 공작부인도 되지 못했지만 결국 에드워드 8세와의 결혼으로 신분 상승 이상의 명성을 얻었다. 결혼 이후 에드워드 8세와 심프슨 부인은 윈저공작 부부로서 유럽 여러 국가를 방문하고 수 많은 파티와 공식행사에 참석했다. 제2차 세계대전 기간 중 에드워드 8세는 프랑스 담당 연락 장교직을 맡기도 했고, 1940년부터 45년까지는 서인도제도의 영국식민지 바하마의 총독으로 그 지역을 통치하기도 했다. 그러나 심프슨 부인과 영국왕실은 오랫동안 화해하지 못했다. 심프슨 부인이 왕실가족으로 공식 행사에 참가할 수 있게 된 것은 결혼한 지 30년이나 지난 1967년에 가서야 가능해졌다. 에드워드 8세와 심프슨 부인은 35년간이나 부부로 지냈다. 두 사람 사이에 자녀는 없었다.

1972년 에드워드 8세가 프랑스에서 먼저 숨을 거두자 심프슨 부인은 검은색 상복 위에 심프슨 블루의 숄을 걸치고 장례식장에 나와 다시 한 번 그들의 로맨스를 상기시켰다. 영국왕실은 에드워드 8세가 윈저성 내 프로그모어에 묻힐 것을 허락하였다. 왕실 밖으로 내쫓았던 에드워드 8세를 다시 끌어안은 영국왕실의 공식적인 입장 표명이었다. 14년 후 1986년 숨을 거둔 심프슨 부인도 남편 에드워드 8세의 곁에 나란히 묻힐 수 있었다. 마침내 영국왕실과 심프슨 부인의 완전한 화해가 이루어진 것이다. 심프슨 부인의 마지막 유언은 심프슨 블루의 옷으로 입혀 달라는 것이었다고 한다.

역사를 만든 여왕 리더십

① 엘리자베스 1세
② 마리아 테레지아
③ 클레오파트라
④ 선덕여왕
⑤ 이사벨 1세
⑥ 측천무후
⑦ 크리스티나
⑧ 예카테리나 2세
⑨ 빅토리아 여왕
⑩ 명성황후
⑪ 하트셉수트
⑫ 제노비아
⑬ 스이코
⑭ 테오도라
⑮ 기황후
⑯ 메리 1세
⑰ 엘리자베타
⑱ 소서노
⑲ 쯩자매
⑳ 엘리자베스 2세

역사를 만든 여왕 리더십은
어린이들에게 자신감을 갖게 해주고
삶을 사는 데 바른 가치관을 심어줍니다.

세상을 이끈 여성 파워

① 디자이너 코코샤넬
② 무용가 이사도라 덩컨
③ 음악가 클라라 슈만
④ 작가 펄벅
⑤ 교육가 마리아 몬테소리
⑥ 정치가 마거릿 대처
⑦ 화가 프리다 칼로
⑧ 비행사 아멜리아 에어하트
⑨ 배우 오드리 헵번
⑩ 과학자 마리 퀴리
⑪ 외교관 알렉산드라 콜론타이
⑫ 정치가 힐러리 클린턴

세상을 이끈 여성 파워는
어린이들에게 적성에 맞는 진로를
찾게 해주고 스스로의 인생을 개척할 수
있도록 꿈을 심어줍니다.

바른 세상 고운 마음

① 행복이는 똥강아지
② 세 개의 이름을 가진 고양이
③ 눈치 없는 아이
④ 할아버지는 외계인
⑤ 병아리, 날다
⑥ 엄마가 미안해 엄마, 미안해
⑦ 안녕 브라우니
⑧ 고양이 우편배달부
⑨ 고양이 세 번 울다

바른 세상 고운 마음 시리즈는 아이들의 따뜻한 마음을 쑥쑥 키우는 인성동화입니다. 책을 읽으면서 아이는 스스로 교훈을 깨달으며 성장할 것입니다.

신화 속 사랑 이야기

① 에로스와 프시케
② 테세우스와 아리아드네
③ 페르세우스와 안드로메다
④ 아폴론과 다프네
⑤ 프로메테우스 형제와 판도라

세상에 알려진 신화 속에는 많은 사랑 이야기가 있습니다. 그중 여러분이 알고 있는 연인들은 누구인가요? 에로스와 프시케, 하데스와 페르세포네 등 신화 속 연인들의 아름답거나 혹은 가슴 아픈 사랑 이야기를 만나 보세요.